So lässt sich der Herbst genießen

Liebe Leser*innen,

ich finde, der Herbst ist eine echte Genuss-Jahreszeit. Zum einen haben jetzt sehr viele regionale Produkte wie Kürbis, Kartoffeln und Äpfel Hochsaison und zum anderen haben die meisten von uns an den kürzer werdenden Tagen wieder viel mehr Lust zu Kochen und Neues auszuprobieren.

In dieser Ausgabe von **monsieur cuisine by ZauberMix** verbinden wir beides: Wir kosten die Erntezeit voll aus und setzen den Monsieur Cuisine dazu ein, all das Gute vielseitig zu verarbeiten. So stellen wir ab Seite 78 Basics wie Gewürzpasten her und verwenden diese direkt, um mit ihnen die beliebtesten Suppen und Eintöpfe zu kochen, wie wir sie aus unseren Kindertagen kennen. Außerdem zeigen wir, wie ihr mit dem Monsieur aus Kartoffeln himmlisch luftiges Püree zaubert, zarten Kürbis in simple sowie abwechslungsreiche Gerichte verwandelt und mit süßen Äpfeln die saftigsten Kuchen backt.

Für den entspannten Feierabend findet ihr darüber hinaus eine große Auswahl genialer Snacks, mit denen ihr euch aufs Sofa lümmeln und genüsslich eure Lieblingsserie schauen könnt. So kann der Herbst doch gern kommen. Ich wünsche euch viel Spaß beim Stöbern, Mixen und Schlemmen!

Vivien Koitka, Chefredakteurin

GEWINNT DEN MONSI IN EINER NEUEN FARBE!

Wir sind total begeistert von den zwei neuen Farben, in denen der Monsieur für kurze Zeit erhältlich sein wird. Mehr darüber lest ihr ab Seite 60. Nehmt am besten gleich an unserer Verlosung teil und mit etwas Glück steht eines der eleganten Exemplare schon bald in eurer Küche!

JETZT GEWINNEN!

Titelfotos: Ira Leoni (1); Archiv (2) | Fotos: Kathrin Knoll (1); Archiv (1)

INHALT

Immunstark in den Herbst
Wir verwandeln Ingwer & Co. in echte Gesundheitsbooster
48

Cooles mit Tiefgekühltem
Wir kochen mit TK-Basics und zeigen ihre Vorzüge auf
62

Kürbis-Saison
Wir bereiten den Herbststar ganz einfach mal anders zu
8

Fotos: siehe Rezeptseiten

LET'S MIX!

SPECIAL MIX

MIX IT UP!

SERVICE

78
Würzen – ganz leicht
Mit hausgemachten Pasten, Pulvern und Würzsoßen

REZEPTE DIESER AUSGABE

REZEPTE MIT DIESEM SYMBOL FINDET IHR ALS **GUIDED COOKING** REZEPTE AUF EUREM MONSIEUR CUISINE CONNECT UND SMART!

SERVICE

Unsere Symbole und Angaben für Rezepte und Ernährung

- **ANBRATEN**
- **DAMPFGAREN**
- **LINKSLAUF**
- **MIXTOPF**
- **SPATEL**
- **TEIGMODUS**

- **VEGETARISCH**
- **VEGAN**
- **LAKTOSEFREI**
- **GLUTENFREI**
- **KALORIENARM** Hauptgerichte < 500 kcal, Suppen/Vorspeisen < 350 kcal, süße Rezepte < 150 kcal, jeweils pro Portion
- LOW CARB **KOHLENHYDRATARM** < 25 % der Kilokalorien entstehen durch Kohlenhydrate
- LOW FAT **FETTARM** < 20 % der Kilokalorien entstehen durch Fett

KCAL	KILOKALORIEN
G E	GRAMM EIWEISS
G F	GRAMM FETT
G KH	GRAMM KOHLENHYDRATE

- **AiO** Zubereitung in Mixtopf, Kocheinsatz und Dampfgaraufsatz
- **ONE POT** Zubereitung nur im Mixtopf
- **FIX** Zubereitung in max. 30 Minuten
- **EASY** Schnell, unkompliziert, mit einfachen Zutaten
- **GESCHENK IDEE** Länger haltbar, gut zum Verpacken und Verschenken

REZEPTE FÜR ALLE MODELLE
Die Rezepte dieses Magazins sind für die Modelle smart, connect, trend und plus entwickelt.

BEQUEM KOCHEN MIT DER ZAUBERMIX APP
Alle Rezepte der neuen Ausgabe findet ihr immer sofort im praktischen Kochmodus zum einfachen Nachkochen im Monsieur Cuisine unter **www.zaubermix.de**

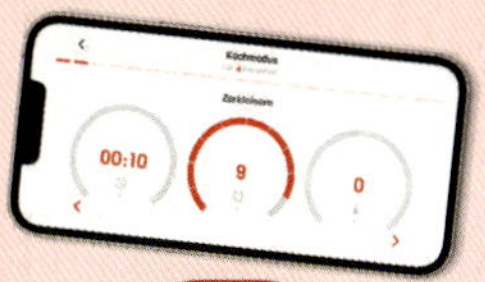

Rundum gut: KÜRBIS

Sanft gegart, zu Soße, cremigem Dip oder „Orzotto" verarbeitet – unsere neuen Ideen für den Herbststar zeigen vor allem seine zarten Seiten

Rezepte: Lukas Nissen

GLÜCK IN ORANGE

Jedes Jahr freue ich mich auf die Kürbis-Saison, weil Hokkaido & Co. so unglaublich vielseitig sind und sowohl in herzhaften als auch süßen Gerichten verwendet werden können. Zudem verleiht Kürbis jedem Gericht eine angenehme, natürliche Süße und cremige Textur. Da kann man so richtig schön kreativ werden!

Spaghetti mit cremiger Kürbissoße

Rezept siehe Seite 14

Beeindruckend EINFACH

Hasselback-Kürbis aus dem Dampfgarer
Rezept siehe Seite 14

Fotos: StockFood / Gräfe & Unzer Verlag / Hoersch, Julia (1); Maren Eicks (1)

Ratzfatz-Orzo mit Kürbis-Käse-Soße

00 30 std : min

LOW CARB · LOW FAT

PRO PORTION: 591 KCAL | 20 G E | 29 G F | 66 G KH

ZUTATEN FÜR 4 PERSONEN

- 100 g Parmesan, in Stücken
- 1 Knoblauchzehe
- 1 kleine Zwiebel, halbiert
- 400 g Hokkaidokürbis, in Stücken
- 2 EL Butter
- 300 g Orzo
- 200 g Wasser
- 200 g Sahne
- 50 g Baby-Spinat
- 1 TL Gemüse-Gewürzpaste
- Salz
- Pfeffer

1 Den Parmesan in den geben, **10 Sek. | Stufe 10** zerkleinern und umfüllen. Knoblauch, Zwiebel und Kürbis in den geben, **5 Sek. | Stufe 8** zerkleinern, mit dem nach unten schieben. Butter zufügen und **3 Min. | Stufe 1 | 120 °C** dünsten. Orzo zugeben und **2 Min. | | Stufe 1 | 100 °C** andünsten, dann mithilfe des vom Topfboden lösen.

2 Wasser, Sahne, Spinat, Gewürzpaste und 1 TL Salz sowie 3 Prisen Pfeffer zugeben. Ohne Messbecher **15 Min. | | Stufe 1 | 100 °C** garen, Kocheinsatz als Spritzschutz aufsetzen.

3 Nach Ende der Garzeit die Hälfte vom Parmesan vorsichtig mit dem unterheben. Orzo auf Tellern anrichten und mit dem restlichen Parmesan und etwas Pfeffer garniert servieren.

> TIPP Wir genießen dieses „Orzotto" gern mit 1–2 TL Sahne, die wir vor dem Servieren über jede Portion träufeln. So wird's noch etwas cremiger.

EXTRASCHNELL

Für dieses „Ratzfatz-Risotto" verwenden wir Orzo – also Pasta – anstelle von Reis. Diese braucht nämlich nur 15 Minuten Garzeit. Für das Kürbisaroma wird zunächst der Kürbis zerkleinert und mit Zwiebeln und Knoblauch zart gedünstet. Für die besonders cremige Textur mischen wir noch Sahne unter die Brühe. So entsteht ein sehr vollmundiger Geschmack.

TOLLES RÖSTAROMA

Für dieses Rezept benötigt ihr etwa 450 g Kürbis. Das entspricht ungefähr einem kleinen Exemplar. Indem ihr den Kürbis vor dem Verarbeiten im Backofen röstet, verstärkt ihr seinen natürlichen Geschmack.

Kürbis-Feta-Dip

00 35 std : min

LOW CARB LOW FAT

PRO PORTION (30 G):
48 KCAL | 2 G E | 4 G F | 2 G KH
ZZGL. 10 MIN. RUHEZEIT
ZUTATEN FÜR 700 G

- 450 g Hokkaidokürbis, in Stücken
- 30 g Olivenöl
- 2 TL Honig
- ½ TL Salz
- Blättchen von 3 Zweigen Thymian zzgl. etwas zum Garnieren
- 2 Knoblauchzehen
- 200 g Feta, in Stücken
- Walnüsse zum Garnieren

1 Den Backofen auf 200 °C Ober-/Unterhitze vorheizen. Ein Backblech mit Backpapier belegen. Kürbis auf dem Backblech verteilen, mit Öl, Honig, Salz und Thymian mischen und ca. 25 Min. backen. Herausnehmen und ca. 10 Min. abkühlen lassen.

2 Knoblauch in den Mixtopf geben und **2 Sek. | Turbo** zerkleinern. Kürbis mit Feta zufügen und **30 Sek. | Stufe 4** cremig rühren.

3 Den Dip in eine Schale füllen und vollständig auskühlen lassen. Mit gehackten Walnüssen und Thymian garniert servieren.

Schnelle Schupfnudel-Hack-Pfanne

00 50 std : min

LOW CARB LOW FAT

PRO PORTION: 979 KCAL | 36 G E | 59 G F | 79 G KH
ZUTATEN FÜR 4 PERSONEN

FÜR DEN DIP
- 10 g frische Kräuter (z. B. Petersilie, Schnittlauch)
- 300 g Schmand
- 1 TL Zitronenabrieb
- Salz
- Pfeffer

FÜR DIE KÜRBIS-PFANNE
- 2 Zwiebeln , halbiert
- 1 Knoblauchzehe
- 4 EL Öl
- 800 g Hokkaidokürbis , in Würfeln
- 250 g Wasser
- 1 TL Gemüse-Gewürzpaste
- 1 EL getrockneter Majoran
- 1 TL edelsüßes Paprikapulver
- 500 g gemischtes Hack
- 1 EL Butterschmalz
- 1000 g Schupfnudeln (Kühlregal)

1 Für den Dip Kräuter in den Mixtopf geben, **6 Sek. | Stufe 8** zerkleinern und mit dem Spatel nach unten schieben. Schmand, Zitronenabrieb, 3 Prisen Salz sowie Pfeffer zugeben und **20 Sek. | Stufe 4** verrühren. Umfüllen und den Mixtopf spülen.

2 Zwiebeln und Knoblauch in den Mixtopf geben und **5 Sek. | Stufe 8** zerkleinern. Mit dem Spatel nach unten schieben. 2 EL Öl zugeben und **2 Min. | Stufe 1 | 120 °C** dünsten. Kürbis zugeben und **5 Min. |** Rührstufe. Wasser, Gewürzpaste, Majoran, Paprikapulver, 1 TL Salz sowie 3 Prisen Pfeffer zugeben und alles **20 Min. | Linkslauf | Stufe 1 | 100 °C** köcheln lassen.

3 2 EL Öl in einer großen Pfanne erhitzen und das Hackfleisch anbraten. Kürbis-Mischung zugeben und kurz aufkochen lassen. Butterschmalz in einer weiteren Pfanne erhitzen und die Schupfnudeln darin rundherum goldbraun braten. Mit der Hack-Mischung vermengen und mit Kräuterdip servieren.

Wärmender
SAISON-STAR

DIESES REZEPT IST AB SOFORT ALS **GUIDED COOKING REZEPT** VERFÜGBAR!

otos: Sandra Leibinger (1); Anna Gieseler (1)

Spaghetti mit cremiger Kürbissoße

00 35 std : min

PRO PORTION: 708 KCAL | 26 G E | 25 G F | 96 G KH

ZUTATEN FÜR 4 PERSONEN

- 60 g Parmesan, in Stücken
- 2 Knoblauchzehen
- 2 Schalotten
- 20 g Olivenöl
- 500 g Hokkaidokürbis, in Stücken
- 150 g Milch
- 100 g Wasser
- 1½ TL Gemüse-Gewürzpaste
- 500 g Spaghetti
- 100 g Schmand
- 30 g Tomatenmark
- 1 TL Salz
- 3 Prisen Pfeffer
- 1 EL heller Balsamicoessig
- ½ TL Zucker

1 Den Parmesan in den geben, **10 Sek. | Stufe 10** zerkleinern und umfüllen. Den Knoblauch mit Schalotten in den geben und **5 Sek. | Stufe 8** zerkleinern. Mit dem nach unten schieben. Öl zufügen, ohne Messbecher **3 Min. | Stufe 2 | 120 °C** dünsten.

2 Kürbis, Milch, Wasser sowie Gewürzpaste zugeben und **25 Min. | Stufe 1 | 95 °C** mit Kocheinsatz als Spritzschutz garen. Währenddessen die Spaghetti nach Packungsangabe in reichlich kochendem Salzwasser kochen.

3 Schmand, Tomatenmark, Salz, Pfeffer, Balsamico sowie Zucker in den geben und die Soße **10 Sek. | Stufe 8** pürieren. Mit Spaghetti und Parmesan servieren.

Hasselback-Kürbis aus dem Dampfgarer

01 00 std : min

PRO PERSON: 326 KCAL | 11 G E | 18 G F | 34 G KH

ZUTATEN FÜR 2 PERSONEN

- 1 kleiner Butternut-Kürbis, geschält, halbiert und entkernt
- 1200 g Wasser
- 1 TL Gemüse-Gewürzpaste
- 2 EL Olivenöl
- ½ TL Salz
- 3 Prisen Pfeffer
- Blättchen von 2 Stielen Salbei
- 50 g geriebener Gouda

1 Kürbishälften mit der Schnittfläche nach unten auf ein Brett legen. Die Kürbishälften wie rechts beschrieben senkrecht fächerförmig einschneiden.

2 Wasser mit Gewürzpaste in den geben. Kürbis im tiefen Dampfgaraufsatz verteilen, mit Öl bestreichen, mit Salz und Pfeffer würzen. Mit Salbei sowie Gouda bestreuen.

3 Deckel schließen, Dampfgaraufsatz aufsetzen und **35–45 Min. |** Dann den Dampfgaraufsatz abnehmen und den Kürbis servieren.

>SERVIERVORSCHLAG Den gegarten Kürbis könnt ihr als vegetarische Hauptspeise zum Beispiel mit geröstetem Baguette oder als Beilage zu Fleisch und Fisch servieren. Auch als Vorspeise eignet sich der Hasselback-Kürbis gut.

DIE HASSELBACK-SCHNITTTECHNIK

Legt die geschälten sowie von Kernen und Fasern befreiten Kürbishälften mit der Schnittfläche nach unten auf ein Schneidebrett. Schneidet sie dann quer fächerartig ein, ohne diese vollständig durchzuschneiden. Nehmt dabei zwei Holzkochlöffel zu Hilfe, die ihr parallel neben den Kürbis legt. Der Vorteil dieser Methode: Das eigentlich sehr harte Fruchtfleisch des Kürbis gart in feine Lamellen geschnitten schneller durch.

So schmeckt DER HERBST

RATGEBER

KÜRBIS-CHECK

Wenn ihr frischen Kürbis verarbeitet,
holt ihr mit diesen Ideen noch mehr aus ihm heraus

3 IDEEN FÜR DIE KÜRBIS-KÜCHE

- ✓ Hokkaidokürbisstücke könnt ihr ungeschält in den Dampfgaraufsatz legen und mit Wasser und Gewürzpaste 20 Min. dampfgaren.
- ✓ Kürbis in großen Mengen im Monsieur Cuisine pürieren und in Eiswürfelbehältern einfrieren. Top für Smoothies, Suppen oder zum Backen.
- ✓ Vegan und allergiker*innenfreundlich: Verwendet Kürbispüree in Backrezepten als Eiersatz. ¼ Tasse Püree entspricht einem Ei.

DAS MACHT IHR MIT KERNEN

1. Rösten
Im würzen und im Ofen rösten für einen knusprigen Snack

2. Backen
Geröstet in Brotteig oder Gebäck verarbeiten oder als Garnitur

3. Pesto
Anstelle von Pinienkernen in Pesto verwenden

4. Soßen
In Soßen pürieren für eine nussige Note

5. Smoothies
Im für zusätzliche Proteine und gesunde Fette fein mahlen

Süße Kürbisbrötchen

Ideal für kleine Reste: Für süße Kürbis-Brötchen arbeitet etwa 150 g Kürbispüree in einen klassischen süßen Hefeteig (auf Basis von 500 g Mehl) ein. Um die Kürbisform zu erhalten, schneidet ihr für jede Teigkugel ein etwa 50 cm langes Stück Küchengarn zu, das ihr leicht einölt. Das Garn nun mehrfach um die Kugel wickeln, so dass die typische Kürbisform entsteht. Dabei das Garn nicht zu fest ziehen. Die Brötchen erneut 15 Minuten ruhen lassen. Nach dem Backen die Brötchen auskühlen lassen und erst dann das Garn entfernen. Vor dem Servieren setzt ihr noch je eine Mandel als Strunk obenauf.

SO BLEIBT KÜRBIS FRISCH

Lagert ganze Kürbisse an einem kühlen, dunklen, gut belüfteten Ort, angeschnittene Stücke am besten luftdicht verpackt im Kühlschrank. Dort bleiben die Stücke etwa 1 Woche haltbar. Wenn ihr Kürbis einfrieren möchtet, schält und entkernt ihn und gebt ihn in Würfel geschnitten in Beutel. Kocht ihr daraus Chutney oder Marmelade, könnt ihr die Aromen ebenfalls konservieren.

HOKKAIDO ODER BUTTERNUT?

Hokkaidokürbis ist bekannt für seine leuchtend orangefarbene Schale, die im Gegensatz zu vielen anderen Kürbissorten essbar ist. Sein festes, nussiges Fleisch ist super für Suppen, Pürees und Ofengerichte. Butternut-Kürbis hat eine birnenähnliche Form und eine glatte, hellbeige Schale. Sein Fruchtfleisch ist orange, sehr weich und süß mit einem buttrigen Geschmack. Wir verwenden ihn gern in Currys, Risottos oder zum Rösten im Ofen.

Fotos: StockFood / Gräfe & Unzer Verlag / Hoersch, Julia (1) / HassiaFood (1); Archiv (2); Sandra Leibinger (1); Adobe Stock / ajcespedes (1)

OFENHITS ganz easy

Jetzt servieren wir Soulfood vom Feinsten! Denn es gibt deftiges Hackfleisch und kräftiges Herbstgemüse in würzigen Soßen – herrlich heiß aus dem Backofen

Rezepte: Lukas Nissen

GRATINKÄSE – SELBST GEMACHT

Fertig geriebenen Käse braucht ihr dank Monsieur nicht mehr zu kaufen. Zum Überbacken eignen sich Gouda, Cheddar oder Emmentaler. Gebt den Käse in Stücken in den [Mixtopf] und zerkleinert sie **10 Sek.** | **Stufe 7.** Bis zur Verwendung umfüllen.

Fotos: StockFood / News Life Media; Archiv (1)

Hackfleischauflauf mit Kroketten

00 50 std : min

LOW CARB LOW FAT

PRO PORTION: 741 KCAL | 42 G E | 42 G F | 55 G KH

ZUTATEN FÜR 4 PERSONEN

- **400 g Kroketten (TK)**
- **150 g Gouda, in Stücken**
- **1 Zwiebel, halbiert**
- **1 EL Öl**
- **400 g gemischtes Hackfleisch**
- **500 g passierte Tomaten**
- **1½ TL Gemüse-Gewürzpaste**
- **1 TL edelsüßes Paprikapulver**
- **1 TL Pfeffer**
- **1 rote Paprikaschote, in Würfeln**
- **50 g Erbsen (TK)**
- **255 g Kidneybohnen (Dose), abgetropft**
- **150 g Mais (Dose), abgetropft**
- **Petersilie zum Garnieren**

AUSSERDEM

- **Auflaufform (Ø ca. 26 cm)**

1 Den Backofen auf 200 °C Ober-/Unterhitze vorheizen. Ein Backblech mit Backpapier belegen. Kroketten auf das Backblech geben und 15 Min. backen. Gouda in den [Mixtopf] geben, **10 Sek.** | **Stufe 8** zerkleinern und umfüllen.

2 Zwiebel in den [Mixtopf] geben und **5 Sek.** | **Stufe 8** zerkleinern. Mit dem [Spatel] nach unten schieben. Öl zugeben und **3 Min.** | **Stufe 1** | **120 °C** andünsten. Hackfleisch zugeben und ohne Messbecher **5 Min.** | [Sanftrührstufe] dünsten. Ggf. zwischendurch mit dem [Spatel] vom Boden lösen.

3 Restliche Zutaten, bis auf Kroketten, in den [Mixtopf] geben, mit [Spatel] vermengen und ohne Messbecher **5 Min.** | [Linkslauf] | **Stufe 1** | **100 °C** kochen.

4 Hack-Masse in die Auflaufform geben. Die Kroketten auf dem Auflauf verteilen, den Käse gleichmäßig darüber streuen, 5–10 Min. weiter backen. Herausnehmen und mit Petersilie garniert servieren.

In nur 5 Minuten im Ofen

Chicorée-Gratin mit Schinken und Mascarponesoße

00 45 std : min

LOW CARB LOW FAT

PRO PORTION: 569 KCAL | 22 G E | 50 G F | 10 G KH

ZUTATEN FÜR 4 PERSONEN

- 2 Chicorée, halbiert
- 150 g Emmentaler, in Stücken
- 1 Zwiebel, halbiert
- 1 Knoblauchzehe
- 20 g Butter
- 250 g Mascarpone
- 100 g Sahne
- 1 EL Weizenmehl Type 405
- 1 TL Salz
- ½ TL Pfeffer
- 150 g Schinken, in Streifen
- Schnittlauch zum Garnieren

AUSSERDEM

- Auflaufform (ca. 25×18cm)

1 Den Backofen auf 200 °C Ober-/Unterhitze vorheizen. Den Chicorée nebeneinander in der Form verteilen. Emmentaler in den Mixtopf geben, **10 Sek.** | **Stufe 8** zerkleinern und umfüllen.

2 Zwiebel und Knoblauch in den Mixtopf geben und **5 Sek.** | **Stufe 8** zerkleinern. Mit dem Spatel nach unten schieben. Butter zugeben und ohne Messbecher **3 Min.** | **Stufe 1** | **120 °C** andünsten.

3 Mascarpone, Sahne, Mehl, Salz sowie Pfeffer zugeben und **10 Sek.** | **Stufe 3** vermengen. In die Auflaufform gießen, mit Schinken belegen und mit Käse bestreuen. Im heißen Ofen 15–20 Min. backen. Herausnehmen und mit Schnittlauch garniert servieren.

BECHAMELSBASIS

Wir bereiten die Soße auf Basis einer Béchamel zu. Dafür dünsten wir Zwiebeln und Knoblauch in Butter an und geben dann Mehl und Milchprodukte hinzu. Hier sorgt seidige Mascarpone zusätzlich zur Sahne für das unfassbar cremige Ergebnis. Der Monsieur Cuisine kümmert sich darum, dass die Soße wie von Zauberhand gelingt.

GEHEIMZUTAT SCHMELZKÄSE

Wir verwenden für die Soße eine ganze Packung Schmelzkäse und greifen dabei meist auf den Klassiker von Milkana zurück. Diese „Geheimzutat“ liefert Geschmack und bindet zudem die Soße. Ihr könnt auch Varianten mit Kräutern verwenden, um das Rezept leicht zu variieren.

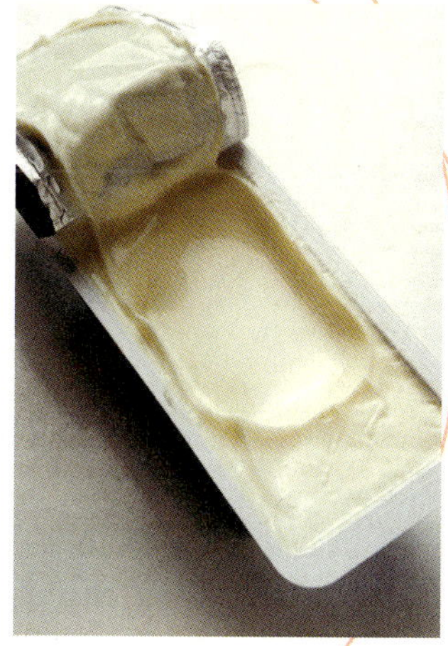

Käse-Lauch-Auflauf mit Schinken

00 55 std : min

PRO PORTION: 745 KCAL | 35 G E | 50 G F | 40 G KH

ZUTATEN FÜR 4 PERSONEN

- **Butter zum Fetten**
- **Blättchen von 2 Stielen Petersilie zzgl. etwas zum Garnieren**
- **150 g Cheddar, in Stücken**
- **800 g Kartoffeln, in Würfeln**
- **200 g Lauch, in Ringen**
- **150 g Schinken, in Würfeln**
- **200 g Schmelzkäse**
- **200 g Sahne**
- **2 Eier**
- **1 TL Salz**
- **3 Prisen Pfeffer**

AUSSERDEM

- **Auflaufform (ca. 30×20cm)**

1 Den Backofen auf 180 °C Ober-/Unterhitze vorheizen. Auflaufform mit etwas Butter einfetten. Petersilie in den \≡/ geben, **6 Sek. | Stufe 8** zerkleinern und umfüllen. Cheddar in den \≡/ geben, **10 Sek. | Stufe 8** zerkleinern und umfüllen.

2 Kartoffeln mit Lauch und Schinken vermengen und in die Auflaufform geben. Schmelzkäse, Sahne, Eier, Petersilie, Salz sowie Pfeffer in den \≡/ geben und **15 Sek. | Stufe 4** vermengen. Soße in die Auflaufform geben. Mit Käse bestreuen und 35–40 Min. backen. Herausnehmen und mit Petersilie garniert servieren.

Fotos: StockFood / für ZS Verlag / Timmann, Claudia (1) / Morgans, Gareth (1), Eising Studio - Food Photo & Video (1); Archiv (1)

RUCKZUCK
Den Weißkohl braucht ihr nicht mühsam zu schneiden, denn der Monsieur braucht nur wenige Sekunden. Wichtig ist nur, dass ihr den Kohl vorab in Viertel oder Achtel schneidet, so dass das Messer sie erfassen und gleichmäßig zerteilen kann. Nehmt den dabei zur Hilfe. So könnt ihr auch mit Spitz- und Rotkohl verfahren.

Weißkohl-Hack-Auflauf

00 45 std : min

LOW CARB LOW FAT

PRO GLAS: 185 KCAL | 10 G E | 15 G F | 3 G KH

ZUTATEN FÜR 4 PERSONEN

- **500 g Weißkohl, geviertelt**
- **1 Zwiebel, halbiert**
- **1 Knoblauchzehe**
- **1 EL Butter**
- **500 g Hackfleisch**
- **1 EL Tomatenmark**
- **1 TL Salz**
- **¼ TL Pfeffer**
- **200 g Sahne**
- **100 g Frischkäse**
- **100 g Gouda**
- **½ TL Paprikapulver**

1 Gratinform fetten. Hälfte des Weißkohls in Stücken in den geben, **3 Sek. | Stufe 6** mithilfe des zerkleinern und in die Auflaufform geben. Mit der zweiten Hälfte ebenso verfahren. Backofen auf 180 °C Ober-/Unterhitze vorheizen.

2 Zwiebel, Knoblauch in den geben und **5 Sek. | Stufe 8** zerkleinern. Mit dem nach unten schieben. Butter zugeben, die Zutaten **3 Min. | Stufe 1 | 120 °C** andünsten. Hackfleisch, Tomatenmark, Salz und Pfeffer zugeben, **8 Min. |** andünsten. Anschließend über den Kohl geben und Zutaten vermengen.

3 Sahne, Frischkäse, Gouda sowie Paprikapulver in den geben und **15 Sek. | Stufe 5** vermengen. Die Soße über die Kohl- und Hackmischung geben. Im heißen Ofen ca. 20 Min. backen, dann servieren.

>TIPP Für noch mehr Fülle hebt Kartoffelstücke oder Brotwürfel unter die Kohlmischung und überbackt den Auflauf mit weiterem Käse.

MINI-SERIE

Basics, die wir lieben

Die Masse für Frikadellen ist in eurem Monsieur ruckzuck gerührt, egal für welches Fleisch ihr euch als Grundlage entscheidet. Alle passen super zu den Kürbisgerichten in dieser Ausgabe.

Nicole Online-Redakteurin

DIESES MAL: FRIKADELLEN

Frikadellen aus Rindfleisch

Für 4 Personen: 1 halbierte Zwiebel und 1 Knoblauchzehe in den geben und **5 Sek. | Stufe 8** zerkleinern. Mit dem nach unten schieben. 500 g Rinderhackfleisch, 50 g Paniermehl, 1 Ei, 1 TL mittelscharfen Senf, 2 TL edelsüßes Paprikapulver, 1 TL Salz sowie 2 Prisen Pfeffer zufügen und **1 Min. |** vermengen. Aus der Masse ca. 9 Frikadellen formen. 2 EL Öl erhitzen, die Frikadellen darin von beiden Seiten anbraten und gar ziehen lassen. Nach Belieben servieren.

>**VERWENDUNG** Rinderfrikadellen sind eine tolle Ergänzung zu Pommes, Sauerkraut, gedämpftem Gemüse und Kartoffelpüree aus dem .

Hähnchenfrikadellen

Für 4 Personen: Ihr braucht insgesamt 500 g angefrorenes Hähnchenfleisch in Würfeln. Die Hälfte davon in den geben, **15 Sek. | Stufe 8** zerkleinern und umfüllen. Mit der übrigen Hälfte ebenso verfahren. 1 halbierte Zwiebel mit den Blättchen von 3 Stielen Petersilie in den geben und **5 Sek. | Stufe 8** zerkleinern. Mit dem nach unten schieben. 1 eingeweichtes und ausgedrücktes Brötchen, 2 Eier, 1 TL mittelscharfen Senf, ½ TL edelsüßes Paprikapulver, 1 TL Salz und 2 Prisen Pfeffer zufügen, **1 Min. |** vermengen. Aus der Masse ca. 9 Frikadellen formen. 2 EL Öl erhitzen und die Frikadellen darin von beiden Seiten anbraten. Gar ziehen lassen und nach Belieben servieren.

Fischfrikadellen

Für 4 Personen: 1 halbierte Zwiebel mit den Blättchen von 3 Stielen Petersilie in den geben und **5 Sek. | Stufe 8** zerkleinern. Mit dem nach unten schieben. 1 EL Öl zufügen, **3 Min. | Stufe 2 | 120 °C** andünsten. 2 eingeweichte und ausgedrückte Brötchen vom Vortag, 600 g Kabeljaufilet in ca. 3 cm großen Stücken, 1 Ei, 1 TL Salz sowie 2 Prisen Pfeffer zugeben, **1 Min. |** vermengen. Die Masse umfüllen und ca. 30 Min. kalt stellen. Aus der Masse 9 Frikadellen formen und in 100 g Paniermehl wenden. 2 EL Öl erhitzen und die Frikadellen von beiden Seiten goldbraun braten. Nach Belieben servieren.

>**TIPP** Damit die Fischfrikadellen ihre Form behalten, brauchen sie eine ausreichend feste Konsistenz. Gebt bei Bedarf noch etwas mehr Paniermehl zur Masse, bis sie sich gut formen lassen.

>**PASST ZU** Quinoa- oder Couscoussalat, Ofengemüse, gedünstetem Blattspinat oder selbst gemachter Aioli.

DIE ULTIMATIVEN FRIKA-TIPPS

Backen, dippen, verwerten – so macht ihr eure Buletten zu einem Highlight

#1 **IM OFEN GAREN** Wer Fett und Gerüche einsparen möchte, backt die Frikadellen im Ofen. Auf dem Blech könnt ihr so eine XXL-Portion in einem Schwung backen.
#2 **KRÄUTERDIP** Der Allrounder aus Quark, Naturjoghurt, Zitronensaft und Kräutern passt zu jeder unserer Frikadellenvariationen.
#3 **RESTE** Gebt sie klein geschnitten in Soßen oder Suppen, Tacos, Wraps, Bowls oder Aufläufen.

Fotos: StockFood / Gräfe & Unzer Verlag / mona binner PHOTOGRAPHIE(1); StockFood Studios / Winner, Katrin (1) / PhotoCuisine (1) / Morgans, Gareth (1); Archiv (2)

Saison ERLEBEN

Unsere Neu-Entdeckungen sorgen für Abwechslung in euren Küchen

Für die ***krosse Haube*** *auf Gratins oder heißer Zwiebelsuppe sorgen Baguettewürfel und der kräftige „Bio Altbier Käse" von Söbbeke. Mehr Ideen und Infos unter www.soebbeke.de*

SCHICKE FRISCHEBOXEN

Wertvolle Lebensmittel, deren Aroma lange bewahrt werden soll, lagern am besten luftdicht verpackt. Speziell für Kaffee sowie auch für selbst gemixte Gewürzmischungen oder das frisch gemischte Müsli eignen sich die schlicht-schönen Aufbewahrungsdosen von Airscape. www.airscape-shop.de

DER BERG RUFT

Die „Heidibox" von Relaxounds liefert den perfekten Bergpanoramasound zum Abschalten. Erhältlich in „Oak", „White" oder „Alpine Meadow" ab Oktober 2024 über www.relaxound.com

Spontane Lust auf Sauerteigbrot?

Wer Lust auf Sauerteigbrot hat, aber den Sauerteig nicht selbst ansetzen möchte, kann mit dem „Reinzucht-Sauerteig Bio" von Böcker sofort loslegen. Jetzt im Herbst lieben wir Kürbisbrote – durch das Einarbeiten von Kürbispüree wird's besonders saftig. Den Sauerteig (430 g, ca. 5 Euro) sowie ein tolles Rezept findet ihr direkt bei Böcker unter shop.sauerteig.de

ZUM KNUSPERN

Diese neuen Apfelsnacks von foodloose eignen sich perfekt für unterwegs. Oder serviert eine Schale zur Kaffeezeit als besonderes Topping für Schlagsahne. Solche Apfel-Chips-Streusel verleihen unseren Apfelkuchen ab Seite 26 garantiert das perfekte Finish. Ca. 2 Euro, www.foodloose.net

*Zur **Erntezeit** von Äpfeln, Birnen, Quitten und Co. kommt uns das neue Kompottgewürz von Sonnentor gerade recht. Die Mischung enthält Zimt, Kardamom, Sternanis und Nelken. 55 g ca. 4 Euro, www.sonnentor.com*

Im Wandel der Jahreszeiten

Pünktlich zum Jahreszeitenwechsel tauschen wir auch die Dekoration drinnen und draußen gern passend zur Saison. Perfekt dazu: Die neuen Designs von textilwerk für Kissen, Tischdecken, Servietten und mehr. Besonders farbenfroh in den Nuancen von Kürbis, Birne und Heidekraut sind die schönen Illustrationen von Künstlerin Julia Schumacher. Ihre Kollektion sowie viele andere stimmungsvolle Farbtupfer für Haus und Hof findet ihr ab sofort unter textilwerk.com, dort werden sie „on demand" – also nach Bestellung – gefertigt. Kissenbezüge ab ca. 23 Euro.

Fotos: Sobbeke (1); Relaxound (1); Airscape (1); Böcker (1); lights4fun.co.uk / Oliver Perrott (1)

Den Bialetti Espressokocher „Moka Express" mit einem Design von MacKenzie -Childs lassen wir gern sichtbar in der Küche stehen. Ca. 80 Euro, www.bialetti.com

Gute Basics aus dem Tiefkühler

Wir von ZauberMix sind immer auf der Suche nach hochwertigen Grundzutaten, die wir im Alltag und auch zu besonderen Anlässen kreativ verarbeiten können. In unseren Gefrierschränken findet ihr daher immer einige unserer favorisierten Basics. Diese zeichnen sich dadurch aus, dass sie besonders vielseitig eingesetzt werden können.

Unser Tiefkühl-Partner des Vertrauens: bofrost*

Besonders bequem: Wir lassen uns bei Tiefkühlprodukten gern von bofrost* persönlich beraten und bestellen sie für die ZauberMix Küche dann auch direkt, denn zum Service gehört die Lieferung der Ware zu unserem Wunschtermin direkt bis zur Haustür. In dieser Ausgabe zeigen wir euch ab Seite 62 neue Rezeptideen, die wir mit den Tiefkühlprodukten im Monsieur zubereiten und teilen noch mehr Wissenswertes über das über 500 Produkte große Sortiment sowie den individuellen Service, den wir euch empfehlen können.

Unsere TOP 10 von bofrost*

1 – Erbsen, extra zart
2 – Lachsfilets
3 – Hähnchenfilets
4 – Markklöße
5 – Kartoffelklöße
6 – Kaisergemüse
7 – Leipziger Allerlei
8 – Königsgarnelen
9 – Himbeeren
10 – Kräuter

PRÄZISION BEI JEDEM SCHNITT

Zum Earth Day 2024 präsentierte Messerexperte Zwilling eine Neuauflage der erfolgreichsten Serie „ZwillingPro" in einer streng limitierten Sonderedition. Die Klingen der fünf hochwertigen Messer bestehen zu 90 % aus recyceltem Stahl, der passende Messerblock aus FSC-zertifiziertem Holz der heimischen Thermobuche. Das Set ist ein Highlight in jeder Küche und darauf ausgelegt, Generationen zu überdauern. 6-tlg., 459 Euro, www.zwilling.com

MOMENTE FEIERN

Wir genießen zu Hause eine gemütliche Kaffeezeit mit unseren Liebsten, während die Herbsttage kürzer werden! Bereits seit 75 Jahren kreiert Tchibo einzigartige Kaffee-Aromen für die Tassen. Das wird gefeiert! Die neue Kaffee-Rarität „Santa Bárbara" aus Guatemala verspricht wärmende Genussmomente mit Nuancen von Milchschokolade und Aprikose. 500 g, ca. 12 Euro, www.tchibo.de/raritaeten

Genuss im Grünen

Zwischen Wiesen und Feldern findet sich im Hofgut Hafnerleiten im niederbayerischen Bad Birnbach ein Rückzugsort der besonderen Art. Hier spenden 17 individuelle Themenhäuschen in idyllischer Umgebung Ruhe und Wohlbefinden all denen, die sich nach einer Auszeit sehnen. Speziell Gäste, die auch im Urlaub gern selbst kochen, buchen einen Aufenthalt in einem der drei Rottaler Langhäuser oder im Wiesenhaus mit voll ausgestatteter Küche. Der Monsieur Cuisine kann also mitkommen! Im Hofladen nebenan lassen sich regionale Leckerbissen dafür erwerben. So schmeckt's doppelt gut. Auch Halbpension mit dem Konzept „Wo auch IMMER" ist buchbar, dabei entscheiden die Gäste, an welchem Wunschort – ob im Garten oder im eigenen Häuschen – sie genießen möchten. Mehr Infos unter hofgut.info

Ein Klassiker für Klassiker: Den Birnenkuchen servieren wir im Herbst in der rechteckigen ***Steinzeug-Auflaufform*** *von Le Creuset, die ihr jetzt neu im angesagten Beige-Farbton „Meringue" erhaltet. 2er-Set, 26 und 32 cm, 110 Euro, www.lecreuset.de*

It's Tea Time

ELEGANTE AUSZEIT

Mit den neuen „Ella Classic" Porzellan-Teetassen, die ihr in vielen stimmungsvollen Farben findet. Ca. 20 Euro, www.viva-scandinavia.de

Fotos: Zwilling (1); Bonne Maman (1); Desenio (1); Sonnentor (1); Hofgut Hafnerleiten, Guenter Standl (1), Le Creuset (1); Viva Scandinavia (1); Tchibo (2)

Apfelzauber

Frisch gepflückt aus den üppigsten Baumkronen schmeckt das beliebte Obst am besten. Wir verwandeln es im Monsieur Cuisine in goldene Kunstwerke für die Kaffeetafel

Apfel-Zimt-Knoten

00 50 std : min

LOW CARB LOW FAT

PRO STÜCK: 377 KCAL | 6 G E | 14 G F | 57 G KH

ZZGL. 1 STD. 10 MIN. RUHEZEIT

ZUTATEN FÜR 12 STÜCK

FÜR DEN TEIG:
- **125 g Wasser**
- **125 g Milch zzgl. 2 EL zum Bestreichen**
- **60 g Butter**
- **1 Pck. Trockenhefe**
- **500 g Weizenmehl Type 405**
- **80 g Zucker**
- **1 Ei**
- **½ TL Salz**

FÜR DEN BELAG:
- **125 g weiche Butter, in Stücken**
- **100 g Zucker**
- **1 EL Zimt**
- **1 Apfel, in Würfeln**

FÜR DEN GUSS:
- **100 g Puderzucker**
- **1 EL Milch**

1 Für den Teig Wasser, Milch, Butter sowie Hefe in den geben und **3 Min.** | **Stufe 1** | **37 °C** erwärmen. Mehl, Zucker, Ei sowie Salz zufügen und **2 Min.** | zu einem glatten Teig verkneten. Umfüllen und abgedeckt 1 Std. gehen lassen. Den spülen.

2 Für den Belag Butter, Zucker und Zimt in den geben und **2 Min.** | **Stufe 3** glatt rühren. Ein Backblech mit Backpapier auslegen. Teig auf einer bemehlten Arbeitsfläche kurz durchkneten, zu einem Rechteck (ca. 60 × 30 cm) ausrollen. Zimtbutter auf dem Teig verstreichen und die Apfelwürfel darauf verteilen, dabei den Rand frei lassen.

3 Den Teig von der kurzen Seite zusammenfalten. Dabei das untere Teigdrittel nach oben klappen und das obere Teigdrittel darüberlegen. Anschließend in 3 cm große Streifen schneiden. Die Teigstreifen in sich verzwirbeln, zu Knoten formen und auf das Backblech setzen. Mit einem Küchentuch abdecken und 10 Min. gehen lassen.

4 Backofen auf 180 °C Ober-/Unterhitze vorheizen. Die Knoten mit 2 EL Milch bestreichen und im heißen Ofen ca. 25 Min. backen. Für den Guss Puderzucker mit Milch glatt rühren und über die Knoten geben. Abkühlen lassen und servieren.

Fotos: BSH / Anna Gieseler (1); Désirée Peikert (1)

Cremiger Apfelmuskuchen ohne Backen

00 35 std : min

LOW CARB LOW FAT

PRO STÜCK: 522 KCAL | 9 G E | 40 G F | 34 G KH

ZZGL. 5 STD. 30 MIN. RUHEZEIT

ZUTATEN FÜR 12 STÜCKE

FÜR DEN BODEN
- **150 g weiche Butter, in Stücken**
- **300 g „Hobbits"-Kekse**

FÜR DIE FÜLLUNG
- **12 Blatt Gelatine**
- **750 g Apfelmus**
- **200 g Sahne**
- **250 g Magerquark**
- **500 g Mascarpone**
- **80 g Zucker**
- **Mark von 1 Vanilleschote**
- **Zimt zum Garnieren**

AUSSERDEM
- **Springform (Ø 26 cm)**

1 Die Springform mit Backpapier belegen. Für den Boden Butter in den geben und **3 Min.** | **Stufe 1** | **60 °C** schmelzen. Kekse zufügen und **12 Sek.** | **Stufe 8** vermengen. Die Masse in der Form verteilen, festdrücken und 30 Min. kalt stellen. Den reinigen.

2 Für die Füllung 6 Blatt Gelatine 5 Min. in kaltem Wasser einweichen. Das Apfelmus in den geben und **5 Min.** | **Stufe 2** | **80 °C** erwärmen. Die Gelatine ausdrücken und **3 Min.** | **Stufe 3** | **80 °C** darin auflösen. Die Masse auf dem Boden verteilen und 1 Std. auskühlen lassen. Den kalt spülen.

3 Den Rühraufsatz einsetzen. Die Sahne ohne Zeiteinstellung **Stufe 4** unter Sichtkontakt steif schlagen. Dann Sahne umfüllen und kalt stellen.

4 Quark, Mascarpone, Zucker sowie Vanillemark in den geben und alles **20 Sek.** | **Stufe 4** aufrühren. Restliche Gelatine 5 Min. in reichlich kaltem Wasser einweichen. Die Gelatine ausdrücken, in einen kleinen Topf geben und bei niedriger Hitze unter Rühren erwärmen und auflösen.

5 Dann 5 EL der Quarkcreme unter die gelöste Gelatine rühren, **2 Min.** | **Stufe 4** einstellen und den Gelatine-Mix durch die Deckelöffnung zur Quarkcreme geben. Den Rühraufsatz entnehmen, Sahne mit dem unterrühren. Auf dem Kuchen verteilen und mind. 4 Std. kalt stellen. Kuchen mit Zimt garniert servieren.

Superschneller Apfelkuchen

01 00 std : min

PRO STÜCK: 405 KCAL | 6 G E | 25 G F | 42 G KH

ZUTATEN FÜR 12 STÜCKE

FÜR DEN TEIG
- ★ 125 g Butter, in Stücken, zzgl. etwas zum Fetten
- ★ 200 g Weizenmehl Type 405
- ★ 125 g Zucker
- ★ 3 Eier
- ★ 2 TL Backpulver
- ★ 1 TL selbst gemachter Vanillezucker

FÜR DEN BELAG
- ★ 1000 g Äpfel, in Stücken
- ★ 250 g Sahne
- ★ 200 g Schmand
- ★ 40 g Zucker
- ★ 1 Pck. Vanillepuddingpulver
- ★ 1 TL Zimt
- ★ 50 g Mandelblättchen

AUSSERDEM
- ★ Springform (Ø 26 cm)

1 Den Backofen auf 180 °C Ober-/Unterhitze vorheizen. Springform fetten. Die Zutaten für den Teig in den geben und **30 Sek. | Stufe 5** vermengen. In die Springform geben und glatt streichen. Den spülen.

2 Äpfel in den geben und mithilfe des **3–4 Sek. | Stufe 6** zerkleinern. Auf dem Teig verteilen. Sahne, Schmand, Zucker, Vanillepudding sowie Zimt in den geben und **20 Sek. | Stufe 4** vermengen, auf den Äpfeln verteilen. Mandelblättchen darüberstreuen und 50–55 Min. backen. Herausnehmen und in Stücke geschnitten servieren.

IN SEKUNDEN

Der Rührteig für diesen saftigen Kuchen ist in 30 Sekunden im angerührt. Das Kilo Äpfel zerkleinern wir ebenfalls ratzfatz im Monsieur Cuisine – der erledigt diesen ansonsten mühsamen Arbeitsschritt in 5 Sekunden! Alles in allem ist der Kuchen in nur 15 Minuten im Backofen!

Ruckzuck gemixt – *so fix entsteht Magie!*

Foto: Anna Gieseler (1); Archiv (1)

Cremig und fruchtig *dank Apfelmus*

Apfelmus-Quark-Kuchen

01 30 std : min

PRO STÜCK: 307 KCAL | 17 G E | 14 G F | 29 G KH

ZUTATEN FÜR 12 STÜCK

- ★ **100 g weiche Butter, in Stücken, zzgl. etwas zum Fetten**
- ★ **100 g Mandelstifte**
- ★ **200 g Zucker**
- ★ **5 Eier**
- ★ **Mark von 1 Vanilleschote**
- ★ **1000 g Magerquark**
- ★ **2 Pck. Vanillepuddingpulver**
- ★ **360 g Apfelmus**
- ★ **Puderzucker zum Bestäuben**

AUSSERDEM
- ★ **Springform (Ø 26 cm)**

1 Backofen auf 160 °C Ober-/Unterhitze vorheizen. Boden der Springform mit Backpapier auslegen und den Rand einfetten. Mandelstifte auf dem Boden verteilen.

2 Den Rühraufsatz in den [Mixtopf] einsetzen. Butter, Zucker, Eier sowie Vanillemark in den [Mixtopf] geben und **5 Min. | Stufe 3** cremig schlagen. Quark, Puddingpulver sowie Apfelmus zufügen und **1 Min. | Stufe 3** vermengen. Teig in die Form füllen und ca. 80 Min. backen, auskühlen lassen. Vor dem Servieren mit Puderzucker bestäuben.

Apple Pie Latte

00 10 std : min

PRO GLAS: 244 KCAL | 5 G E | 13 G F | 29 G KH

ZUTATEN FÜR 2 GLÄSER À 250 ML

FÜR DEN DRINK
- ★ **400 g Haferdrink (Barista-Variante)**
- ★ **6 EL Apfelmus**
- ★ **½ TL Zimt**
- ★ **1 Msp. gemahlene Vanille**

FÜR DAS TOPPING
- ★ **vegane Sprühsahne**
- ★ **etwas Karamellsirup**
- ★ **1 EL getrocknete Äpfel**

1 200 g Haferdrink in den [Mixtopf] geben und zusammen mit dem Apfelmus, Zimt sowie gemahlener Vanille **3 Min. | Stufe 3 | 120 °C** erhitzen.

2 Inzwischen die restlichen 200 g Hafermilch in einen Milchaufschäumer geben und aufschäumen.

3 Die Apfelmus-Milch-Mischung auf 2 Gläser verteilen und darauf den Milchschaum verteilen. Abschließend beide Getränke mit veganer Sprühsahne toppen und mit Karamellsirup und getrockneten Apfelstücken garniert servieren.

>SELBST GEMACHT Für Apfelmus aus dem Monsieur Cuisine 400 g geviertelte Äpfel in den [Mixtopf] geben und **4 Sek. | Stufe 6** zerkleinern. 50 g Wasser, 10 g Zucker, Saft von ½ Zitrone sowie 1 TL Zimt zugeben und alles **6 Sek. | Stufe 6** vermengen, dann **7 Min. | Stufe 2 | 90 °C** aufkochen. Nach Belieben **45 Sek. | Stufe 6–10** aufsteigend pürieren.

Apfel-Wein-Torte

01 10 std : min

PRO STÜCK: 466 KCAL | 4 G E | 22 G F | 56 G KH

ZZGL. 2 STD. 30 MIN. RUHEZEIT

ZUTATEN FÜR 12 STÜCKE

FÜR DIE FÜLLUNG
- 1200 g Äpfel, geviertelt und in Scheiben
- Saft von 1 Zitrone
- 700 g Weißwein
- 100 g Zucker
- 2 Pck. Vanillepuddingpulver

FÜR DEN BODEN
- 225 g Weizenmehl Type 405 zzgl. etwas zum Bearbeiten
- 150 g Butter, in Stücken, zzgl. etwas zum Fetten
- 75 g Zucker

FÜR DEN BELAG
- 400 g Sahne
- 2 Pck. Sahnesteif
- 2 EL selbst gemachter Vanillezucker
- 1 TL Zimt

AUSSERDEM
- Springform (Ø 26 cm)

1 Für die Füllung Äpfel mit Zitronensaft beträufeln und beiseitestellen. Wein, Zucker und Puddingpulver in den Mixtopf geben, **5 Sek. | Stufe 5** vermengen. Dann **12 Min. | Stufe 3 | 100 °C** aufkochen. Zu den Äpfeln geben, vermengen und auskühlen lassen. Mixtopf spülen.

2 Für den Boden alle Zutaten in den Mixtopf geben, **20 Sek. | Stufe 5** verkneten, zu einem Riegel formen und in Frischhaltefolie wickeln, 30 Min. kalt stellen.

3 Den Backofen auf 175 °C Ober-/Unterhitze vorheizen. Die Springform einfetten. Den Teig auf einer bemehlten Arbeitsfläche rund ausrollen und als Boden in die Springform geben, dabei einen Rand hochziehen. Die Apfelmasse auf dem Teig verteilen und im heißen Ofen ca. 45 Min. backen. Herausnehmen und ca. 2 Std. auskühlen lassen.

4 Für den Belag Sahne mit Sahnesteif und Vanillezucker in den Mixtopf geben und ohne Zeiteinstellung **Stufe 4** unter Sichtkontakt steif schlagen. Anschließend auf dem Kuchen verteilen und mit Zimt bestäuben.

>TIPP Wenn auch Kinder an der Kaffeetafel sitzen, könnt ihr für die Kleinen eine geeignete Variante des Kuchen zubereiten, denn den Weißwein könnt ihr ganz einfach durch Apfelsaft, am besten naturtrüb, ersetzen.

Überrascht mit einer *feinen Apfelschicht*

RATGEBER

5 FRAGEN, 5 ANTWORTEN

Ihr habt Fragen zur Verwendung des Monsieur? Ob über Instagram, Facebook, YouTube oder **ZauberMix** – stellt sie mir!

Hast du Ideen für essbare Mitbringsel?

Im Herbst sind das für mich ganz klar Gewürzpulver und -paste oder auch Nuss- und Dattelmus. Sie sind wertvoll und die meisten staunen, dass du solche Basics selbst machst! Rezepte findest du in dieser Ausgabe.

Ist bei den Zutaten geschältes Gemüse gemeint?

Ja, wenn beispielsweise im Rezept steht, dass du 500 g Kohlrabi, Karotten oder Kartoffeln brauchst, ist damit das Nettogewicht nach dem Schälen gemeint. Das heißt, du kannst beim Einkaufen ruhig etwas draufgeben. Benutze beim Kochen dann die praktische, im Monsieur integrierte Waage.

Wie erfasst das Mixmesser kleine Mengen besser?

Wenn du nur eine halbe Zwiebel, eine Zehe Knoblauch oder ein paar Kräuter im zerkleinern möchtest, habe ich einen super Hack für dich: Hänge einfach den Garkorb ein! Jetzt nur noch Deckel drauf und die Zutaten wie gewohnt zerkleinern. Der Garkorb sorgt dafür, dass die Stückchen vom Mixmesser nicht bis ganz oben an den Rand und den Deckel geschleudert werden und dort kleben, sondern dass sie beim Mixmesser bleiben. So werden deine Zutaten viel gleichmäßiger zerkleinert.

Kann ich die Rezepte aus der App ausdrucken?

Na klar! Als **ZauberMix**-Mitglied kannst du dir jedes Rezept ausdrucken, als PDF herunterladen oder per Click teilen und an deine Freund*innen schicken. Du findest die Auswahlmöglichkeiten in der App unten unter dem Notizfeld des Rezepts.

Scan mich!

Kommt in unsere Facebook-Gruppe und tauscht euch mit uns und anderen Fans aus!

Brauche ich für Rührteige den Rühraufsatz?

Nein, denn er ist nicht zu vergleichen mit dem Rührbesen eines herkömmlichen Mixers. Das Mixen von Rührteig übernimmt das Messer bei **Stufe 3** oder **Stufe 4** – ohne Rühraufsatz. Nur beim Aufschlagen leichter Teige oder Cremes wie für Biskuit, Eiweiß oder Mousse empfehle ich den Aufsatz, um Luft unterzuheben. Schwere Teige und Knetteige verarbeitet stets das Mixmesser. Verwende den Rühraufsatz generell nur bis **Stufe 4.**

Fotos: Adobe Stock / ji_images (1); Sandra Leibinger (1); Archiv (4)

Das SPEZIAL
für „Monsi"-Fans
So einfach
kann lecker sein!
DAS MAGAZIN FÜR DIE MONSI-COMMUNITY | SO EASY SPEZIAL 1/2024
Monsieur Spezial
Unsere beliebtesten Rezepte!
monsieur cuisine
by ZauberMix
SO EASY SPEZIAL
Pasta Tomate-Mozzarella
„5 Sterne – himmlisch lecker!"
100 Rezepte
die ihr mit dem Monsi easy selbst kocht
33 TRICKS
Erfahrt, was euer Zubehör alles kann!
Unsere Schlemmer-Hits
So lecker!
Kocht eure Lieblingsgerichte ab jetzt ohne Fertigtüte, in Rekordzeit, stressfrei und esst besser als je zuvor
5 krosse Brote, die immer gelingen | Die Gewürzpaste #1 für jeden Tag
Die „Top 100", auf die unsere Monsi-Community schwört!
Jetzt bestellen: www.zaubermix.de/so-easy

ALL IN ONE

Herbstaromen

Wir gönnen uns fünf neue Wohlfühlgerichte mit den Aromen der Saison, die sich im Monsieur fast von allein zubereiten

Rezepte: Elisa Schilling | Fotos & Styling: Tina Bumann

Foto: Archiv (1)

Hähnchen mit Indian-Summer-Soße

00 40 std : min

LOW CARB LOW FAT

PRO PORTION: 984 KCAL | 55 G E | 47 G F | 86 G KH

ZUTATEN FÜR 4 PERSONEN

- 150 g Cheddar, in Stücken
- 600 g Hähnchenbrustfilet, in Würfeln
- 2 TL edelsüßes Paprikapulver
- Salz
- Pfeffer
- 250 g Süßkartoffeln, in Stücken
- 250 g Hokkaidokürbis, in Stücken
- 300 g Parboiled Reis
- 1500 g Wasser
- 2 TL Gemüse-Gewürzpaste
- 2 rote Zwiebeln, 1 halbiert, 1 in Ringen
- 1 Knoblauchzehe
- 1 EL Öl
- 25 g Tomatenmark
- 300 g Schmand
- 100 g Sahne
- 2½ TL Currypulver

1 | Den Cheddar in den geben, **10 Sek. | Stufe 8** zerkleinern und umfüllen. Den Rühraufsatz in den tiefen Dampfgaraufsatz legen, das Fleisch darauf verteilen, mit Paprikapulver, 1 TL Salz und ½ TL Pfeffer würzen. Süßkartoffeln und Kürbis auf dem flachen Dampfgaraufsatz verteilen. Flachen Dampfgaraufsatz einsetzen und beiseitestellen.

2 | Reis in den Kocheinsatz einwiegen, unter fließendem Wasser abspülen und in den einsetzen. Wasser mit Gewürzpaste zugeben. Dampfgaraufsatz geschlossen aufsetzen und **15 Min. |** garen. Vorsichtig abnehmen und beiseitestellen. Kocheinsatz mithilfe des entnehmen, Reis warm halten. Den leeren, Garflüssigkeit auffangen.

3 | Halbierte Zwiebel mit Knoblauch in den geben und **5 Sek. | Stufe 8** zerkleinern. Mit dem nach unten schieben. Öl mit Tomatenmark zufügen und ohne Messbecher **3 Min. | Stufe 1 | 120 °C** andünsten. Schmand, Sahne, 20 g Garflüssigkeit, Currypulver, ½ TL Salz sowie 2 Prisen Pfeffer zugeben und **5 Sek. | Stufe 6** vermengen. Cheddar und Fleisch zufügen, **6 Min. | | Stufe 1 | 90 °** garen. Gemüse mit dem untermengen. Reis mit Soße auf Tellern anrichten, mit Zwiebelringen garniert servieren.

> **TIPP** Statt Hokkaidokürbis eignen sich auch Muskat- oder Butternut-Kürbis. Ersterer muss allerdings vor der Zubereitung geschält werden.

Gnocchi in Käsesoße mit Schinken und Pilzen

00 40 std : min

PRO PORTION: 697 KCAL | 31 G E | 28 G F | 81 G KH

ZUTATEN FÜR 4 PERSONEN

- ★ **100 g Parmesan, in Stücken**
- ★ **1 Zwiebel, halbiert**
- ★ **1 Knoblauchzehe**
- ★ **2 EL Öl**
- ★ **450 g Wasser**
- ★ **1½ TL Gemüse-Gewürzpaste**
- ★ **800 g Gnocchi (Kühlregal)**
- ★ **400 g Champignons, geviertelt**
- ★ **150 g Schmelzkäse**
- ★ **50 g Milch**
- ★ **1 EL Stärke**
- ★ **½ TL Salz**
- ★ **2 Prisen Pfeffer**
- ★ **1 Prise Muskat**
- ★ **100 g Kochschinken, in kleinen Würfeln**

1 | Parmesan in den geben und **10 Sek. | Stufe 10** zerkleinern, umfüllen.

2 | Zwiebel mit Knoblauch in den geben und **5 Sek. | Stufe 8** zerkleinern. Mit dem nach unten schieben. Öl zufügen und die Zutaten ohne Messbecher **3 Min. | Stufe 1 | 120°C** andünsten.

3 | Wasser mit Gewürzpaste in den geben. Den Rühraufsatz in den Dampfgaraufsatz legen und die Gnocchi darauf verteilen, sodass der Dampf zirkulieren kann. Pilze auf dem flachen Dampfgaraufsatz verteilen und einsetzen. Mit dem Deckel verschließen und alles **20 Min. | Stufe 2 | 120°C** dämpfen lassen.

4 | Den Dampfgaraufsatz geschlossen absetzen und die Zutaten warm halten. Schmelzkäse, Milch, Parmesan, bis auf etwas zum Garnieren, Stärke sowie Gewürze in den geben und **5 Min. | Stufe 3 | 90°C** garen.

5 | Pilze sowie Kochschinken zugeben und mit dem unterheben. Erneut **1 Min. | ↺ | Stufe 1 | 90°C** erhitzen. Die Soße abschmecken. Gnocchi, Pilze und Soße auf Tellern anrichten. Mit Rest Parmesan bestreuen und servieren.

PILZE SANFT GAREN

Die Champignons garen schonend im Dampfgaraufsatz über Gnocchi und Brühe. Jetzt in der Pilzsaison ist die Auswahl an Pilzsorten sehr groß. Ganz nach Geschmack könnt ihr auch Austernpilze, Shiitake oder eine Pilz-Mischung für das Gericht verwenden.

Foto: Archiv (1)

Einfaches Kürbisgulasch

00 35 std : min

PRO PORTION: 217 KCAL | 3 G E | 15 G F | 20 G KH

ZUTATEN FÜR 4 PERSONEN

- 2 Knoblauchzehen
- 1 Zwiebel, halbiert
- 2 EL Öl
- 2 EL Tomatenmark
- 600 g Hokkaidokürbis, in Würfeln
- 2 Paprikaschoten (rot, gelb), in Stücken
- 450 g Wasser
- 2 TL Gemüse-Gewürzpaste
- 2 TL edelsüßes Paprikapulver
- 2 TL Currypulver
- 1 TL Majoran
- 1 EL Stärke
- 100 g Crème fraîche zum Garnieren
- Petersilie zum Garnieren

1 Knoblauch mit Zwiebel in den geben und **5 Sek. | Stufe 8** zerkleinern. Mit dem nach unten schieben. Öl mit Tomatenmark zufügen und ohne Messbecher **3 Min. | Stufe 1 | 120 °C** andünsten.

2 Kürbis, Paprika, Wasser sowie Gewürze zugeben und **18 Min. | | Stufe 1 | 100 °C** garen, dabei den Kocheinsatz als Spritzschutz aufsetzen. Stärke mit etwas Wasser glatt rühren, zugießen und weitere **3 Min. | | Stufe 1 | 100 °C** garen. Das Kürbisgulasch auf Tellern anrichten, mit Crème fraîche und Petersilie garniert servieren.

>**VARIANTE** Das Gulasch ist eigentlich ein One Pot, daher bleibt der Dampfgarer frei. Während das Gulasch köchelt, könnt ihr darin zusätzlich Hähnchenwürfel oder -geschnetzeltes garen. Dafür den Dampfgarer in Schritt 2 statt Kocheinsatz aufsetzen und die Temperatur jeweils auf hochsetzen.

EINFACHE ZUBEREITUNG

Der perfekte Dreiklang: Zuerst dünstet ihr im die Basis mit Knoblauch, Zwiebeln und Tomatenmark an. Dann kommen die geschmacksgebenden Zutaten wie Kürbis, Paprika und die Gewürze hinzu. Und zum Schluss sorgen die Stärke, die ihr mit etwas Wasser klümpchenfrei anrührt, und ein Klecks Crème fraîche für Sämigkeit.

Schweinefilet mit Gorgonzolasoße und Tortellini

00 55 std : min

LOW CARB LOW FAT

PRO PORTION: 1066 KCAL | 66 G E | 50 G F | 16 G KH

ZUTATEN FÜR 4 PERSONEN

- **600 g Schweinefilet**
- **Salz**
- **Pfeffer**
- **2 TL getrocknete Kräuter der Provence**
- **1000 g Wasser**
- **800 g Tortellini (Kühlregal)**
- **400 g Erbsen und Möhren (TK)**
- **1 Zwiebel, halbiert**
- **2 Knoblauchzehen**
- **1 EL Öl**
- **40 g trockener Weißwein**
- **200 g Gorgonzola, in Stücken**
- **200 g Sahne**
- **Thymian zum Garnieren**

1 Das Schweinefilet auf den flachen Dampfgaraufsatz legen und rundum mit je 2 Prisen Salz und Pfeffer sowie 1 TL Kräutern würzen.

2 Wasser in den geben. Rühraufsatz in den tiefen Dampfgaraufsatz legen und die Tortellini darauf verteilen, kurz unter fließendem Wasser benetzen. Flachen in den tiefen Dampfgaraufsatz einsetzen, geschlossen aufsetzen und **10 Min.** | dämpfen lassen.

3 Inzwischen die Erbsen und Möhren in den Kocheinsatz geben. Den Dampfgaraufsatz nach Ablauf der Zeit geschlossen absetzen, Kocheinsatz einsetzen, Dampfgaraufsatz wieder aufsetzen, alles **15 Min.** | fertig garen, dabei das Aufheizen abbrechen. Den Dampfgaraufsatz vorsichtig abnehmen, beiseitestellen und warm halten. Den leeren.

4 Für die Soße Zwiebel mit Knoblauch in den geben, **5 Sek.** | **Stufe 8** zerkleinern und mit dem nach unten schieben. Öl zufügen und ohne Messbecher **2 Min.** | **Stufe 1** | **120 °C** andünsten. Anschließend mit Weißwein ablöschen.

5 Gorgonzola, Sahne, 1 TL getrocknete Kräuter, 1 TL Salz sowie ½ TL Pfeffer zugeben und ohne Messbecher **6 Min.** | | **Stufe 2** | **90 °C** kochen. Das Fleisch in Scheiben schneiden, zusammen mit Tortellini, Gemüse und Soße auf Tellern anrichten. Mit Thymian garniert servieren.

>TIPP Wenn ihr das Fleisch lieber anbraten möchtet, nutzt die Zeit, in der die Soße kocht. Nehmt das Fleisch aus dem flachen Dampfgaraufsatz und gebt es in die Pfanne.

Foto: Archiv (1)

Mit einer Handvoll
Lieblingszutaten und einer
Portion Liebe serviert ihr
diesen neuen Familienhit

Hackbällchen in Paprika-Rahm-Soße

00 55 std : min

LOW CARB · LOW FAT

PRO PORTION: 912 KCAL | 38 G E | 50 G F | 79 G KH

ZUTATEN FÜR 4 PERSONEN

FÜR DIE HACKBÄLLCHEN UND DIE GNOCCHI
- **1 Zwiebel, halbiert**
- **1 Knoblauchzehe**
- **500 g Rinderhackfleisch**
- **60 g Paniermehl**
- **1 Ei**
- **2 TL rosenscharfes Paprikapulver**
- **Salz**
- **Pfeffer**
- **1000 g Wasser**
- **2 TL Gemüse-Gewürzpaste**
- **800 g Gnocchi (Kühlregal)**

FÜR DIE SOSSE
- **1 Zwiebel, halbiert**
- **2 Knoblauchzehen**
- **3 Paprikaschoten (rot, gelb, grün), in Spalten**
- **30 g Olivenöl**
- **50 g Tomatenmark**
- **250 g Sahne**
- **1 EL Stärke**

1 Für die Hackbällchen Zwiebel mit Knoblauch in den geben und **5 Sek.** | **Stufe 8** zerkleinern. Mit dem nach unten schieben. Hackfleisch, Paniermehl, Ei, Paprikapulver, 1 ½ TL Salz und 3 Prisen Pfeffer zufügen, **1 Min.** | vermengen. Aus der Masse 12 Bällchen formen und auf den flachen Dampfgaraufsatz legen. Den spülen.

2 Wasser mit Gewürzpaste in den füllen. Rühraufsatz in den tiefen Dampfgaraufsatz legen und die Gnocchi darauf verteilen. Flachen Dampfgaraufsatz einsetzen, geschlossen aufsetzen und **15 Min.** | dämpfen. Den Dampfgaraufsatz absetzen und die Zutaten warm halten. Den leeren, 150 g Garflüssigkeit auffangen.

3 Für die Soße Zwiebel mit Knoblauch in den geben, **5 Sek.** | **Stufe 8** zerkleinern und mit dem nach unten schieben. Paprika, Öl sowie Tomatenmark zufügen und ohne Messbecher **2 Min.** | | **Stufe 1** | **120 °C** andünsten.

4 Garflüssigkeit, Sahne, ½ TL Salz sowie 2 Prisen Pfeffer in geben und **5 Min.** | | **Stufe 1** | **100 °C** erwärmen, Kocheinsatz als Spritzschutz aufsetzen. Stärke mit Wasser glatt rühren, zufügen und alles **2 Min.** | | **Stufe 1** | **100 °C** köcheln. Hackbällchen mit Gnocchi und Soße auf Tellern angerichtet servieren.

Foto: Archiv (1)

EXPRESSKÜCHE

Saison-Vielfalt

Jetzt kommen solch wahnsinnig intensive Aromen wie die von Speck, Zwiebeln, Kohl oder Zitrusfrüchten in den Mixtopf, um sich dort vollends zu entfalten

Rezepte: Lukas Nissen | Fotos & Styling: Tina Bumann

15 MINUTEN

15-Minuten-One-Pot-Pasta mit Speck & Zwiebeln

LOW CARB LOW FAT

PRO PORTION:
1125 KCAL | 45 G E | 57 G F | 109 G KH
ZUTATEN FÜR 2 PERSONEN

- 2 Knoblauchzehen
- 30 g Butter
- 150 g Speck, in kleinen Streifen
- 2 Zwiebeln, halbiert, in Ringen
- 800 g kochendes Wasser
- 200 g Crème fraîche
- 2 TL Gemüse-Gewürzpaste
- ½ TL Salz
- ¼ TL Pfeffer
- Blättchen von 3 Zweigen Thymian zzgl. etwas zum Garnieren
- 300 g Hörnchennudeln
- 30 g geriebener Parmesan zum Garnieren

1 | Knoblauch in den Mixtopf geben, **5 Sek.** | **Stufe 8** zerkleinern und mit dem Spatel nach unten schieben. Butter, Speck und Zwiebeln zufügen, **3 Min.** | ⟲ | **Stufe 1** | **120 °C** andünsten.

2 | Wasser, Crème fraîche, Gewürzpaste, Salz, Pfeffer und Thymian zugeben. Pasta zufügen, mit dem Spatel unterrühren und nach Packungsangabe plus **1 Min.** | ⟲ | **Stufe 1** | **95 °C** kochen, dabei den Kocheinsatz als Spritzschutz aufsetzen. Ggf. zwischendurch mit dem Spatel vermengen. Pasta auf Tellern anrichten, mit Thymian und Parmesan garniert servieren.

AUS DEM MIXTOPF
Alles rein, Deckel drauf, Monsieur an – fertig! Der One Pot mit Nudeln ist der Klassiker in der Blitzküche. Kurze ungefüllte Nudeln wie Penne, Hörnchennudeln, Farfalle oder Maccheroni garen im Mixtopf mit allen weiteren Zutaten gleichmäßig in der Soße. Der Linkslauf (⟲) sorgt dafür, dass das Mixmesser die Zutaten mit der stumpfen Rückseite des Messers rührt, ohne sie zu zerkleinern.

ZERKLEINERN
Zwiebel, Petersilie und Kohl – niemand schneidet Zutaten so fix klein wie das Messer des Monsieur. Zusätzliches Plus: Das Dressing mixt es währenddessen gleich mit unter.

10 MINUTEN

Weltbester Krautsalat

LOW CARB LOW FAT

PRO PORTION: 121 KCAL | 2 G E | 5 G F | 19 G KH
ZUTATEN FÜR 4 PERSONEN

- 1 Zwiebel, halbiert
- Blättchen von 10 Stielen Petersilie zzgl. einige zum Garnieren
- 450 g Weißkohl, in Stücken
- 1 Apfel, geschält und geviertelt
- 1 EL Zucker
- 20 g Öl
- 20 g heller Balsamicoessig
- 3 Prisen Pfeffer
- ½ TL Salz

Die Zwiebel sowie die Petersilie in den Mixtopf geben und **5 Sek.** | **Stufe 8** zerkleinern. Anschließend die restlichen Zutaten hinzufügen und alles mithilfe des Spatels **5–6 Sek.** | **Stufe 6** zerkleinern. Den Salat umfüllen und mit Petersilie garniert servieren.

>**VARIANTE** Der Salat schmeckt frisch und auch durchgezogen superlecker. Nach Belieben könnt ihr ihm mit Speck ein zusätzliches Aroma und einen leichten Knuspereffekt hinzufügen. Dafür 50 g Speckwürfel in den Mixtopf geben und **3 Min.** | Sanftrührstufe andünsten. Den Speck herausnehmen, etwas abkühlen lassen oder sofort den Salat damit bestreuen.

15
MINUTEN

15-Minuten-Paprikasuppe

LOW CARB LOW FAT

PRO PORTION: 233 KCAL | 4 G E | 19 G F | 13 G KH

ZUTATEN FÜR 4 PERSONEN

- 1 Zwiebel, halbiert
- 1 Knoblauchzehe
- 1 EL Olivenöl
- 2 EL Tomatenmark
- 5 rote Paprikaschoten, in Stücken
- 600 g Wasser
- 2 TL Gemüse-Gewürzpaste
- 1 ½ TL Salz
- 2 TL edelsüßes Paprikapulver
- ½ TL Pfeffer
- 200 g Sahne
- Petersilie, in Streifen, zum Garnieren

1 Zwiebel mit Knoblauch in den [Symbol] geben und **5 Sek.** | **Stufe 8** zerkleinern. Mit dem [Symbol] nach unten schieben. Öl mit Tomatenmark zufügen und **2 Min.** | **Stufe 1** | **120 °C** dünsten.

2 Die Paprika zugeben und **5 Sek.** | **Stufe 6** zerkleinern. Wasser, Gewürzpaste, Salz, Paprikapulver sowie Pfeffer zufügen und alles **12 Min.** | **Stufe 2** | **100 °C** ohne Messbecher kochen, Kocheinsatz als Spritzschutz aufsetzen.

3 Sahne zugeben, den Messbecher einsetzen und die Suppe **45 Sek.** | **Stufe 10** pürieren. Mit Petersilie garniert servieren.

>TIPP Frisch einzukaufen braucht ihr für diese Suppe nur 5 Paprikaschoten – natürlich könnt ihr die Farben auch mischen.

EINFACHES MEAL PREP

Die Zutaten für die Suppe dünsten und garen im [Symbol] in nur wenigen Minuten und werden dann schön cremig püriert. Gekühlt ist die Suppe zwei Tage haltbar. Daher eignet sie sich auch gut für die Lunchbox. Suppenreste könnt ihr zudem gut einfrieren. Vor dem Servieren auftauen, im [Symbol] **8–12 Min.** | **Stufe 2** | **80-100 °C** erwärmen und nochmals **10 Sek.** | **Stufe 10** pürieren.

10
MINUTEN

Orangenmousse in 10 Minuten

LOW CARB LOW FAT

PRO GLAS: 285 KCAL | 8 G E | 18 G F | 22 G KH

ZZGL. 2 STD. RUHEZEIT

ZUTATEN FÜR 4 GLÄSER À 200 ML

- **200 g Sahne**
- **Abrieb und Saft von 1 unbehandelten Orange**
- **50 g Puderzucker**
- **2 TL gemahlene Gelatine**
- **500 g Joghurt**
- **Minze zum Garnieren**

1 | Den Rühraufsatz einsetzen. Sahne in den geben und ohne Zeiteinstellung **Stufe 4** unter Sichtkontakt steif schlagen. Den Rühraufsatz entnehmen und Sahne umfüllen.

2 | Orangensaft, Hälfte des Orangenabriebs, Puderzucker sowie Gelatine in den geben und **5 Min. | Stufe 2 | 70°C** erwärmen. Anschließend ca. 10 Min. abkühlen lassen. Den Joghurt sowie Sahne zugeben und **20 Sek. | Stufe 4** vermengen.

3 | Die Mousse in Gläser füllen und ca. 2 Std. kalt stellen. Vor dem Servieren mit Minze und restlichem Orangenabrieb garnieren.

>INFO Gelatine ist ein geschmacksneutrales Geliermittel, das ihr für süße und herzhafte Speisen verwenden könnt. Es gibt sie als Blätter, in Pulverform oder als Instant Gelatine. Die gemahlene Gelatine löst sich gut im Orangensaft und kann gleichzeitig darin erwärmt werden. Das ist einfach und spart Zeit bei der Zubereitung.

ZARTE MOUSSE

Die Mousse aus 6 Zutaten bereitet ihr im Monsieur in nur 10 Minuten rasch zu. Anschließend muss sie noch einige Zeit kühlen, damit die Gelatine die Creme zu einer zarten Mousse festigt. Das gemahlene Bindemittel erwärmt ihr im Monsieur, bevor es im mit den übrigen Zutaten easy und klümpchenfrei verrührt wird. Ihr könnt das Dessert auch gut am Vorabend zubereiten, sodass ihr es mittags direkt aus dem Kühlschrank servieren könnt.

monsieur cuisine by ZauberMix

News

Wer **ZauberMix** kennt, weiß, dass kein Tag vergeht, an dem es nicht etwas Spannendes zu berichten gibt. Erfahrt hier alles Wichtige!

UNSER KALENDER IST DA!

Es ist so weit: Der neue Wochenkalender von **ZauberMix** ist endlich erhältlich. Unser beliebtes Special ist dieses Mal prall gefüllt mit Rezepten, die jede Jahreszeit mit einer wundervollen Idee für den Monsieur feiern. Freut euch auf saisonale Feierabendgerichte, die schnell und einfach zubereitet sind, überraschende Festtags- oder Freizeitrezepte, die mal wieder zeigen, was der Monsieur alles möglich macht, und Kleinigkeiten oder Süßes für die besonderen Momente.

Es lohnt sich, schnell zu sein, denn der Kalender ist nur in limitierter Stückzahl gedruckt und meist schnell ausverkauft. Daher sichert ihr euch am besten gleich euer eigenes Exemplar für 16,90 Euro unter www.zaubertopf-shop.de

O'zapft is!

ZUM OKTOBERFEST

Unsere besten Ideen, um sich für die Wiesn in Stimmung zu bringen, findet ihr bei uns in der **ZauberMix** App. Mit dabei: Laugenbrötchen à la Flammkuchen, Leberkäse, süßer Senf, Weißwurst-Salat sowie Obazda. Für die süße Jause gibt's Lebkuchenherzen und ein himmlisches Bayern-Dessert mit Zwetschgenröster.

Jede Woche eine neue Folge!

Wie ihr in nur 5 Minuten den unwiderstehlichen Datteldip zubereitet oder in zwei Schritten Marmelade kocht und wie sich das Reinigen des Monsieur in 5 Minuten praktisch von selbst erledigt? Erfahrt es auf unserem YouTube Kanal! Drückt die Glocke, um den Kanal kostenlos zu abonnieren. Sobald die neue Folge online ist, erhaltet ihr eine Info. Hier entlang: www.youtube.com/@ZauberMixMonsieurCuisine

ZAUBERMIX TRIFFT HEISSLUFT-FRITTEUSE

Auch wir können dem Trend nicht widerstehen: Überall wird mit Heißluftfritteusen gekocht, da wollen wir natürlich auch mitmischen. Vor allem, weil die coolen Küchengeräte die Funktionen des Monsieur perfekt ergänzen. Denn die Airfryer übernehmen in der Küche neben dem Frittieren auch das Rösten, Backen und Überbacken oder auch das Grillen. Wir haben knusprige Hackbällchen und Kroketten mit Rahmgemüse mit beiden Küchenprofis zeitgleich zubereitet. Wie unser Testergebnis für den neuen Philips „Dual Basket" ausfällt, lest ihr in unserem Artikel auf **ZauberMix**.

Für Newcomer!

Kennt ihr alle Tricks für den Monsi? Auf Instagram verraten wir die wichtigsten Hacks zu Funktionen und Zubehören. Kommt auf unseren Kanal, haltet Ausschau nach dem „Newcomer" Button und teilt mit uns und der Community, ob ihr sie schon kennt oder gleich ausprobieren werdet!

GANZ UNTER UNS

Auf unserem ZauberMix WhatsApp Channel nehmen wir euch mit hinter die Kulissen. Hier teilen wir auch mal Momente, die zeigen, wie all unsere Ideen, Rezepte, Videos und Co. überhaupt entstehen. Wir freuen uns auf euch!

Wir sind überglücklich, denn ihr sendet uns so viele positive Stimmen zu unserem Basis-Kochbuch von ZauberMix. Dank euch ist es unter all unseren Büchern inzwischen der absolute Bestseller. Toll, dass wir so vielen von euch damit helfen und Freude bereiten können. Ihr erhaltet das Buch überall im Buchhandel, online oder unter www.zaubertopf-shop.de

Fotos: Julia Eickmeyer (1); Sandra Leibinger (1); Marie-Luise Paulsen (3); Anna Gieseler (2)

IMMUNABWEHR *stärken*

Fiese Winde, nasskalte Luft und ungemütliche Temperaturen. Wir wappnen uns gegen die kommende Erkältungswelle mit selbst gemachten, ganz natürlichen Boostern

Rezepte: Vera Schubert | Fotos & Styling: Anna Gieseler

TSCHÜSS, VIREN!
Ich bin immer neugierig, was sich in Sachen Food-Trends tut. Zuletzt habe ich einige spannende Ideen beobachtet, die ich jetzt mit euch teilen möchte. Denn mit diesen natürlichen Immunboostern könnt ihr eurer Gesundheit einen echten Kick verpassen. Das Beste: Sie sind allesamt im Monsieur wirklich schnell und einfach selbst gemacht!

Foto: Archiv (1)

Ananas-Salbei-Drink gegen Halsweh

00 15 std : min

LOW CARB · LOW FAT

PRO PORTION (2 CL): 6 KCAL | 0 G E | 0 G F | 2 G KH

ZUTATEN FÜR 1 FLASCHE À 500 ML

- **250 g Wasser**
- **5 Blättchen Salbei**
- **250 g Ananas, in Stücken**
- **1 TL Honig**

1 Wasser in den Mixtopf geben und **5 Min. | Stufe 1 | 100 °C** aufkochen. Den Salbei zufügen, 10 Min. ziehen lassen und dann die Blättchen mit einer Gabel entnehmen. Den Tee auf etwa 50 °C abkühlen lassen.

2 Ananas mit Honig zugeben und den Drink **20 Sek. | Stufe 10** fein pürieren. In eine saubere Flasche füllen und schluckweise trinken.

>HALTBARKEIT Für die optimale Frische solltet ihr den kühl gelagerten Drink innerhalb von 2–3 Tagen trinken.

>DOSIERUNG Trinkt mehrmals am Tag ein Glas in kleinen Schlücken, damit der Drink seine Wirkung entfalten kann.

ANGESAGTE KOMBI
Ananas-Salbei-Saft gehört zu den Top-10-Hausmitteln gegen Halsweh, denn die Kombi aus Ananas und Salbei ist ideal gegen dieses lästige Grippe-Symptom: Das Bromelain der Ananas hilft gegen Schwellungen, und Salbei wirkt entzündungshemmend.

Honigwasser – das Gesundheitswunder

00 05 std : min

LOW CARB LOW FAT

PRO PORTION: 31 KCAL | 0 G E | 0 G F | 8 G KH

ZUTATEN FÜR 2 GLÄSER À 200 ML

- 400 g Wasser
- 2 EL Honig

Wasser sowie Honig in den [Mixtopf] geben und **5 Min. | Stufe 3 | 37 °C** erwärmen. In Gläser füllen und nach Belieben mit 1 Bio-Zitronenscheibe servieren.

>HALTBARKEIT In einer sauberen Flasche mit Schraubverschluss etwa 1 Woche im Kühlschrank lagerfähig.

>DOSIERUNG Trinkt am besten morgens 1 Glas auf nüchternen Magen. Bei akuten Beschwerden zwei- bis dreimal täglich genießen.

>TIPP Um die positiven Eigenschaften von Honig voll auszuschöpfen, achtet beim Kauf auf hohe Qualität. Kauft am besten Bio-Honig, Produkte bei regionalen Imkern oder achtet auf das Gütesiegel „Echter deutscher Honig". Dieser Honig stammt ausschließlich aus Deutschland und ist naturbelassen.

HEALTHY-HIT

Honigwasser hat sich in den letzten Monaten zum echten Gesundheitstrend entwickelt. Also haben wir es für euch im Monsi ausprobiert. Das Ergebnis: Da euer Zaubertopf das Wasser punktgenau erwärmt – es sollte nicht über 40 °C erhitzt werden – entfalten sich die positiven Eigenschaften des Honigs voll. Außerdem hilft die Kombination von Wärme und Honig gegen Halsschmerzen und Husten.

ECHTE POWERSHOTS

Vitamin-Shots sind fertig gekauft extrem teuer. Hausgemacht stellt man aus den wertvollen Zutaten viel mehr her, als man an ein bis drei Tagen trinken kann – so lange bliebe der Immun-Shot im Kühlschrank frisch. Daher frieren wir unsere Shots jetzt einfach ein. So bleiben die Inhaltsstoffe erhalten und ihr könnt jeden Tag portionsweise die Menge, die ihr für eure Shots benötigt, aus dem Tiefkühlfach entnehmen.

Immun-Würfel

00 15 std : min

LOW CARB LOW FAT

PRO PORTION (1 GLAS MIT 1 TL HONIG):
28 KCAL | 0 G E | 0 G F | 6 G KH

PRO WÜRFEL: 13 KCAL | 0 G E | 0 G F | 3 G KH

ZZGL. 12 STD. RUHEZEIT

ZUTATEN FÜR 15 STÜCK

- **150 g Karotten, in Stücken**
- **20 g Ingwer, in Stücken**
- **Fruchtfleisch von 1 Zitrone**
- **Fruchtfleisch von 1 Orange**
- **1 TL Zimt**
- **100 g Wasser**

AUSSERDEM
- **Eiswürfelform**
- **Honig zum Aufgießen**

1 Die Karotten und den Ingwer im Mixtopf **10 Sek. | Stufe 8** zerkleinern.

2 Restliche Zutaten zufügen und alles **1 Min. | Stufe 10** fein pürieren. Dann in die Eiswürfelform füllen und einfrieren.

>VERWENDUNG 1–2 Immun-Würfel in ein Glas geben und mit heißem Wasser aufgießen. Gut verrühren und mit Honig süßen.

>HALTBARKEIT Eingefroren sind die einzelnen Würfel mehrere Wochen haltbar.

>TIPP Ihr könnt 1–2 Würfel auftauen lassen und sie als Immun-Shot trinken oder ihr gebt sie zu euren Lieblings-Smoothies dazu!

Zitronenwasser für jeden Tag

00 | 10
std : min

LOW CARB · LOW FAT

PRO PORTION: 88 KCAL | 0 G E | 0 G F | 20 G KH

ZUTATEN FÜR 2 TASSEN À 300 ML

- **500 g Wasser**
- **1 unbehandelte Zitrone, geviertelt und entkernt**
- **1 Scheibe Ingwer**
- **50 g Honig, alternativ Agavendicksaft**

1 | Wasser mit Zitrone in den geben und **5 Sek. | Stufe 10** zerkleinern. Durch den Kocheinsatz oder ein Sieb abseihen und die Flüssigkeit zurück in den geben.

2 | Ingwer zufügen und **4 Min. | Stufe 1 | 70 °C** erwärmen. Den Honig zugeben und **8 Sek. | Stufe 5** vermengen. In Tassen gefüllt servieren.

>**HALTBARKEIT** Das frisch zubereitete Zitronenwasser kann für 2–3 Tage im Kühlschrank aufbewahrt werden. Wenn ihr es länger aufbewahren möchtet, friert es einfach ein.

>**DOSIERUNG** Am besten jeden Morgen ein frisches Glas trinken und bis zur ersten Mahlzeit 15 Minuten vergehen lassen.

DAS TREND-GETRÄNK – WAS BRINGT ES WIRKLICH?

Zahlreiche Influencer und Ärzt*innen schwören auf 1 Glas Zitronenwasser jeden Morgen. Wie wir finden – aus gutem Grund, denn mit dem Monsieur gewinnt ihr ohne Mühe den wertvollen Zitronensaft. Mit seinem hohen Vitamin-C-Gehalt stärkt ihr euer Immunsystem, unterstützt die Verdauung und tut eurer Haut etwas Gutes. Einzig in Sachen Zahnschmelz ist wegen der Zitronensäure etwas Zurückhaltung angesagt. Wer empfindliche Zähne hat, sollte nicht zu viel des Guten zu sich nehmen oder den Mund hinterher ausspülen.

Macht euch fit FÜR DEN HERBST

FIX

FÜR EUCH ENTDECKT ...

Ein neues Gadget in der Küche ermöglicht neue Experimente – und das macht Spaß!

Ich teste gerne Produkte und teile meinen ersten Eindruck auf Instagram unter @monsier_cuisine_by_zaubermix mit euch. Folgt mir, ich freue mich auf euch!

GROSSE PORTIONEN
WunderSteam®V2

Für eine optimale Dampfzirkulation in eurem Dampfgareraufsatz sorgt dieser smarte Einsatz! Bei großen Mengen einen oder zwei ineinandergesteckt in den tiefen Dampfgaraufsatz setzen.

ab 12,95 €

KLEINER HELD
Spritzschutz WUUFO®

Anstelle des Kocheinsatzes einfach dieses kleine Zubehör auf den Deckel legen und Spritzer vermeiden. Viel weniger Abwasch!

9,95 €

MACHT ES EUCH BEQUEM IN DER KÜCHE!

SCHÄLPROFI
WunderPeeler®

Der Kartoffelschäler nutzt die Motorkraft der Monsieur, um die Schale von bis zu 1 kg Kartoffeln direkt im Mixtopf zu entfernen!

24,95 €

ZEIT FÜR GENUSS
Pizza-Set

Startklar für die Pizzaparty mit dem „G3Ferrari"-Pizzaofen in „Delizia Rot", Teigmatte WunderMat®, ZauberCard und Pizza-Wiegemesser.

163,98 €
statt ~~182,20~~ €

LIMITED EDITON!
Kalender 2025

Holt euch 53 frische Kochideen und behaltet mit dem Wochenkalender den Überblick über alle Termine!

16,99 €

SO SMART

WunderButler

Der innovative Deckelhalter hält die Hände frei und ermöglicht es euch, den Deckel ohne Kleckern in einer Halteposition zu belassen.

29,95 €

Für mehr Spaß beim Kochen

GENIALE PRÄZISION

WunderSlicer®

Der beliebte Gemüseschneider nutzt die Power des Monsieur Cuisine, um perfekte feine oder dickere Scheiben und Raspel herzustellen. Der große Auffangbehälter füllt sich beim Zugeben von Gurken, Karotten oder Zucchini und Kartoffeln in Sekunden, so bereitet ihr Gurken- oder Rohkostsalate, Gemüse- und Kartoffelgratins in Windeseile zu.

89,95 €

POCHIEREN GANZ EASY

WunderPoach®

Mit diesem Einsatz bereitet ihr im Monsi vier perfekt pochierte Eier zu. In den Kocheinsatz geben und bei präziser Temperatur sanft garen!

16,95 €

TOP-AUSWAHL

Profi-Set für Monsieur

Für alle, die jeden Tag mit dem Monsieur kochen. Im Set enthalten: unverzichtbare Helfer und Zubehöre, die dem Monsieur neue Funktionen verleihen, wie der WunderCap® Messerersatz, eine Saftpresse, WunderPeeler® und die Silikonauflaufform. Zudem ein flexibler Spatel, Reinigungsbürste und der Teig-Twister aus Kunststoff.

109,60 €
statt ~~137,00€~~

Fotos: Archiv

DATTELSÜSSE & NUSSMUSE

Mit dem Monsieur lassen sich Grundzutaten für die Vorratskammer einfach selbst herstellen. Wir verarbeiten jetzt Datteln, Nüsse und Kerne

Rezepte: Elisa Schilling

EINFACH HAUSGEMACHT
Achtet beim Dattelsirup – wie bei den anderen Basics auch – auf hochwertige Grundzutaten. Auch dann sind im Monsieur zubereitete Sirups und Muse immer noch günstiger als gekauft und ihr könnt sicher sein, dass keine unerwünschten Zusatzstoffe enthalten sind.

Dattelmus ohne Zucker

00 | 10 std : min

LOW CARB · LOW FAT

PRO PORTION (1 EL):
45 KCAL | 0 G E | 0 G F | 4 G KH
ZZGL. 2 STD. RUHEZEIT
ZUTATEN FÜR 2 GLÄSER À 350 ML

- **400 g entsteinte Datteln**
- **400 g Wasser**
- **1 Prise Salz**

Datteln mit Wasser in eine Schüssel geben und mind. 2 Std. einweichen. Anschließend Datteln mit Flüssigkeit und Salz in den geben und **1 Min. | Stufe 10** pürieren. Mit dem nach unten schieben, dann erneut **1 Min. | Stufe 10** pürieren. In ein steriles Glas umfüllen.

>**HALTBARKEIT** Das Dattelmus kann im Kühlschrank bis zu 2 Wochen aufbewahrt werden. Achtet darauf, das Mus in einem sterilisierten, luftdicht verschlossenen Glas oder Behälter zu lagern und sauber zu entnehmen.

IDEALE NATURSÜSSE
Verwendet das Dattelmus anstelle von Haushaltszucker als natürliche Süße in Kuchen, Muffins, Brownies oder anderen Backwaren. Ersetzt den benötigten Zucker dafür 1:1 durch das Mus. Es macht euer Gebäck schön saftig und wirkt ähnlich wie Apfelmus oder auch Bananen als zusätzliches Bindemittel.

Fotos: StockFood / Gräfe & Unzer Verlag / Winner, Katrin (2); Adobe Stock / vaaseenaa (1) / Shabnam (1)

Dattelsirup

LOW CARB · LOW FAT

PRO PORTION (2 CL): 15 KCAL | 0 G E | 0 G F | 4 G KH
ZZGL. 2 STD. RUHEZEIT
ZUTATEN FÜR 2 FLASCHEN À 400 ML

- **200 g entsteinte Datteln**
- **600 g Wasser**
- **1 Prise Zimt**

1 | Datteln mit Wasser in eine Schüssel geben und mind. 2 Std. einweichen lassen.

2 | Datteln zusammen mit der Flüssigkeit und Zimt in den geben, **10 Sek. | Stufe 8** zerkleinern. Mit dem nach unten schieben und **10 Min. | Stufe 2 | 100 °C** mit dem Kocheinsatz als Spritzschutz kochen.

3 | Die Masse durch ein feines Sieb oder Küchentuch streichen. Anschließend den Sirup in sterile Flaschen füllen und kalt stellen.

>**HALTBARKEIT** Der Sirup kann bis zu 4 Wochen im Kühlschrank aufbewahrt werden.

>**VERWENDUNG** Der Sirup schmeckt großartig auf Brot, als Topping für Puddings oder Eis, in Shakes oder Smoothies aus dem oder als Süßmittel in Tee, Kaffee oder sogar in Cocktails.

Pistazienmus

00 15 std : min

LOW CARB LOW FAT

PRO PORTION (30 G): 61 KCAL | 2 G E | 5 G F | 2 G KH
ZUTATEN FÜR 1 GLAS À 250 ML

- ★ **250 g Pistazien**
- ★ **½ TL Sonnenblumen- oder Rapsöl**

Pistazien in den geben und **1 Min. | Stufe 10** mahlen. Mit dem nach unten schieben und weitere **1 Min. | Stufe 10** mahlen. Erneut mit dem nach unten schieben. Öl zufügen und **3 Min. | Stufe 4** vermengen. In ein steriles Glas umfüllen und fest verschließen.

>**HALTBARKEIT** Das Mus ist bis zu einen Monat haltbar. Kühl und dunkel lagern, vor dem Gebrauch gut durchrühren.

>**VERWENDUNG** Wir rühren das Pistazienmus gern mit Obst in Joghurt, Quark und Müsli oder geben es zu Smoothies.

Haselnussmus ohne Zucker

00 30 std : min

LOW CARB LOW FAT

PRO PORTION (1 EL):
65 KCAL | 2 G E | 6 G F | 2 G KH
ZUTATEN FÜR 1 GLAS À 450 ML

- ★ **400 g Haselnüsse**
- ★ **20 g Kakaopulver**
- ★ **1 Prise Salz**

1 | Den Backofen auf 160 °C vorheizen. Ein Backblech mit Backpapier auslegen. Die Haselnüsse auf dem Blech verteilen, 10–15 Min. rösten. Zwischendurch umrühren.

2 | Nüsse etwas abkühlen lassen. Anschließend in ein sauberes Küchenhandtuch geben und vorsichtig reiben, um die Häutchen zu lösen. Dann die Nüsse in den geben und **1 Min. | Stufe 10** mahlen. Mit dem nach unten schieben, erneut **1 Min. | Stufe 10** mahlen. Mit dem nach unten schieben. Kakaopulver mit Salz zufügen und **3 Min. | Stufe 4** cremig rühren. In ein steriles Glas umfüllen.

>**HALTBARKEIT** Das Nussmus könnt ihr im Kühlschrank bis zu 6 Monate aufbewahren.

>**VERWENDUNG** Beim Backen von Cookies oder Brownies oder bei der Zubereitung von Müsliriegeln könnt ihr den kompletten Anteil Butter durch das Nussmus ersetzen, da es einen hohen Fettgehalt hat. Dieser setzt sich jedoch aus viel mehr gesünderen, ungesättigten Fettsäuren zusammen.

VOLLES AROMA
Um einen gesunden Schokoaufstrich herzustellen, braucht ihr nur drei Zutaten. Das Geheimnis des vollmundigen Aromas ist das Rösten der Haselnüsse. Sie erhalten dadurch deutlich mehr Geschmack und mehr Süße. Wir verwenden dunkles Kakaopulver ohne Zucker, das ebenfalls intensiven Geschmack verleiht. Die Prise Salz hebt die Süße hervor.

Pistazienmus
Rezept siehe links

Kleine Kostbarkeiten
EASY SELBST MIXEN

FIX

GESCHMEIDIGE TEXTUR

Essenziell bei der Zubereitung hausgemachter Nussmuse im Monsieur ist es, den Mahlvorgang zwischenzeitlich zu unterbrechen und die Masse mit dem nach unten zu schieben. Zudem hilft es, die Masse zwischen den Mahlvorgängen etwas abkühlen zu lassen, so entsteht ein homogenes Nussmus.

Fotos: StockFood / Flora Emmer (1) / PhotoCuisine / Thys / Supperdelux (1) / Stile Italia Edizioni (1); Archiv (2)

NEUE FARBEN

Neue Eleganz

Für kurze Zeit gibt's den Monsieur Cuisine Smart in zwei neuen Farben. Erfahrt hier alles Wichtige dazu und nehmt an unserer Verlosung teil!

Titanium

„So cool und edel: ein echter Hingucker für eine gestylte Küche."

Isy

GUT ZU WISSEN

Das Modell Smart von Monsieur Cuisine begeistert uns jeden Tag. Vor allem, seit der Monsi Mixtopf mit einem zusätzlichen Einhand-Griff ausgestattet ist und das Display so viel größer, farbintensiver und intuitiver gestaltet wurde. Das macht das tägliche Kochen und Backen viel angenehmer und leicht. Der Zubehör- und Funktionsumfang des Monsieur Cuisine bleiben absolut identisch, für die Sonder-Edition ändert sich tatsächlich ausschließlich die Farbe des Gerätekorups. Ihr könnt euch also auf denselben Kochspaß wie sonst freuen plus eine exklusive Farbe in eurer Küche. Die Farben „Champagner" und „Titanium" wirken extrem elegant und verleihen unserem Monsi eine wunderschöne Optik. Die schimmernden Töne wirken ausgesprochen wertig und betonen das moderne Design der Küchenmaschine. Uns gefallen die neuen Farben sehr und wir sind davon überzeugt, dass sie auch den Geschmack vieler anderer treffen.

Champagner

„Absolut elegant und so modern!"

Isy

WELCHER IST EUER FAVORIT?

Wir sind gespannt, wie euch die beiden Farben gefallen und freuen uns auf eure Meinungen dazu! Diskutiert mit uns auf Instagram, via YouTube, schreibt uns eine E-Mail, kommentiert unsere Artikel auf ZauberMix.de oder stimmt bei WhatsApp ab, für welches Modell ihr euch entscheiden würdet! Wir freuen uns auch auf Fotos von all denen unter euch, die sich eine der eleganten Neuheiten schnappen und wie ihr sie in euren Küchen inszeniert. Die schönsten Einsendungen zeigen wir in der nächsten Ausgabe von monsieur cuisine by ZauberMix!

JETZT GEWINNEN!

Wir verlosen je 1 Exemplar der Farben Champagner und Titanium. Nehmt dafür am besten jetzt gleich an unserer Verlosung teil. Teilnahmeschluss ist der 23.10.2024. Jetzt mitmachen unter www.zaubermix.de/sonderedition

Ab 02.09.2024

BEI LIDL ERHÄLTLICH

FÜR ALLE BEGEISTERTEN:

Ab Montag, dem 2. September 2024 werden die beiden Sonderfarben in den Lidl Filialen in Deutschland erhältlich sein. Die exklusive Reihe könnte durchaus schnell vergriffen sein, daher lohnt es sich bestimmt, rechtzeitig in eurer Filiale vorbeizuschauen. Weitere Informationen unter www.lidl.de

Fotos: Archiv (3)

SO COOL & entspannt

Wir zeigen, wie ihr mit Basics aus dem Tiefkühler zum Feierabend oder für Gäste echte Wow-Hits zaubert. Für noch mehr Gelassenheit sorgt dabei die bequeme Lieferung von bofrost* direkt an die Haustür!

Rezepte: Elisa Schilling | Fotos & Styling: Anna Gieseler

MEERESFRISCHE

Mit den bofrost*Königsgarnelen im Tiefkühler könnt ihr jeder Suppe das gewisse Etwas verleihen. Sie lassen sich leicht portionieren und garen dann auf dem Einlegeboden in 8 Minuten direkt über der Suppe mit.

Leichte Kokossuppe mit Garnelen

00 40
std : min

LOW CARB LOW FAT

PRO PORTION: 466 KCAL | 22 G E | 33 G F | 11 G KH

ZUTATEN FÜR 4 PERSONEN

- 2 Stangen Zitronengras, in Stücken
- 2 Schalotten, halbiert
- 1 Knoblauchzehe
- 25 g Ingwer, in Scheiben
- 1 rote Chilischote, in Ringen
- 20 g Kokosöl
- 1 EL grüne Currypaste
- 400 g Kokosmilch (Dose)
- 800 g Wasser
- 1 TL Gemüse-Gewürzpaste
- 40 g Fischsoße, alternativ Sojasoße
- Saft von 1 Limette
- 400 g bofrost*Kaisergemüse (TK)
- 100 g bofrost*Erbsen, extra zart (TK)
- 320 g bofrost*Königsgarnelen (TK)
- Kokoschips zum Garnieren
- bofrost*Kräutergarten klassisch (TK) zum Garnieren

1 | Zitronengras in den geben und **10 Sek. | Stufe 10** zerkleinern. Schalotten, Knoblauch, Ingwer und Chili dazugeben, **5 Sek. | Stufe 8** zerkleinern und mit dem nach unten schieben. Öl zugeben und ohne Messbecher **3 Min. | Stufe 1 | 120 °C** dünsten. Currypaste in den geben und **2 Min. | Stufe 1 | 120 °C** mitdünsten.

2 | Kokosmilch, Wasser, Gewürzpaste, Fischsoße und Limettensaft in den geben. Den tiefen Dampfgaraufsatz aufsetzen und Kaisergemüse und Erbsen darin verteilen. Den Deckel auflegen und **15 Min. | Stufe 1 | 120 °C** garen.

3 | Die Garnelen auf dem flachen Dampfgaraufsatz verteilen, einsetzen und weitere **8 Min. | Stufe 1 | 120 °C** garen.

4 | Dampfgaraufsatz abnehmen und beiseitestellen. Das Gemüse und die Garnelen in den geben und mit dem unter die Suppe rühren. Die Suppe auf Tellern anrichten und mit Kokoschips sowie Kräutern garniert servieren.

Fotos: bofrost* (2)

8 GUTE GRÜNDE FÜR BOFROST*

1 Gesunde Zutaten

Dank moderner Verfahren wie dem Frische-Plus-Verfahren von bofrost* bleibt Tiefkühlkost lange haltbar und zudem besonders nährstoffreich. Das Geheimnis: Obst und Gemüse werden direkt nach der Ernte schockgefrostet, dadurch bleiben Vitamine und Nährstoffe optimal erhalten.

2 Lange Haltbarkeit

Viele Produkte von bofrost* könnt ihr Monate bis Jahre ohne Qualitätsverlust lagern. Tipp: Einmal aufgetaut, sollte Tiefkühlkost nicht länger als ein bis zwei Tage im Kühlschrank aufbewahrt werden. So seid ihr immer auf der sicheren Seite.

3 Spontan kochen

Immer etwas zu Hause zu haben, ist Gold wert, besonders, wenn spontaner Besuch vor der Tür steht. Mit Tiefkühlkost von bofrost* sind viele Gerichte schnell und einfach gezaubert – auch in eurem Monsieur Cuisine.

4 Vielfalt Plus

Ihr findet im bofrost*Sortiment über 500 Produkte, darunter auch viele, die bereits vorgewürzt und fertig angerichtet sind, so habt ihr eine noch größere Auswahl. Bei bofrost* werden alle Produktzubereitungen getestet, sodass bei Einhaltung der Zubereitungshinweise das Gericht immer perfekt gelingt.

5 Perfekt Portionierbar

Die Tiefkühlprodukte von bofrost* sind nach Bedarf portionierbar. Ihr braucht nur eine Handvoll Erbsen oder ein paar Brokkoliröschen? Dann entnehmt einfach die Menge, die ihr benötigt, der Rest bleibt sicher im Gefrierfach. So entstehen keine Abfälle und ihr könnt immer flexibel kochen.

6 Keine Abfälle

Apropos Abfälle – besonders bei der Verwendung von Obst und Gemüse entstehen keine Abfälle. Ihr müsst nichts schälen – und das bedeutet schnell und einfach kochen und auch backen! Die Produkte von bofrost* sind sofort einsatzbereit und erleichtern die Arbeit in der Küche.

7 Keine Vorbereitungszeit

Waschen, putzen, schälen oder schneiden – sämtliche Vorbereitungsschritte, die bei Gemüse und Fleisch anfallen, entfallen, wenn ihr zu Tiefkühlware von bofrost* greift. So spart ihr richtig viel Zeit im Alltag.

8 Persönliche Beratung und bequeme Lieferung

Das Beste: Der Anbieter bofrost* sorgt für persönlichen Service und liefert euch eure Auswahl ohne Unterbrechung der Kühlkette direkt nach Hause. So spart ihr den Gang zum Supermarkt und habt immer eine gut gefüllte Gefriertruhe.

Stressfreier Ofenlachs XXL für eure Gäste

00 50
std : min

LOW CARB LOW FAT

PRO PORTION: 872 KCAL | 36 G E | 39 G F | 90 G KH

ZUTATEN FÜR 8 PERSONEN

- ★ 4 Knoblauchzehen
- ★ 2 Zwiebeln, halbiert
- ★ 3 EL Öl
- ★ 4 EL Tomatenmark
- ★ 1000 g passierte Tomaten
- ★ 400 g Sahne
- ★ 3 TL getrocknete ital. Kräuter
- ★ 1 TL Salz
- ★ 3 Prisen Pfeffer
- ★ 8 bofrost*Lachsfilets, naturbelassen (TK) à 120 g, angetaut
- ★ 1500 g bofrost*free Gnocchi (TK)
- ★ 500 g bofrost*Erbsen, extra zart (TK)

AUSSERDEM
- ★ tiefes Backblech, alternativ 2 Auflaufformen

1 | Den Backofen auf 200 °C Ober-/Unterhitze vorheizen. Für die Soße Knoblauch mit Zwiebel in den geben und **5 Sek. | Stufe 8** zerkleinern. Mit dem nach unten schieben. Öl mit Tomatenmark zugeben und **2 Min. | Stufe 1 | 120 °C** andünsten. Die Tomaten, Sahne sowie Gewürze zugeben und **20 Sek. | Stufe 4** vermengen.

2 | Lachsfilets, Gnocchi sowie Erbsen auf dem tiefen Backblech verteilen und mit der Soße übergießen. Im heißen Ofen 30–40 Min. backen. Herausnehmen und servieren.

>RESTLOS GLÜCKLICH Für unser XXL-Ofengericht stellen wir in unter 3 Minuten eine herrlich fruchtige Tomatensoße im her. Die Soße geben wir über 8 Lachsfilets, die tiefgekühlten Gnocchi und die TK-Erbsen. So bleiben keine Reste und das Backen erledigt der Ofen. So easy!

SMARTE XXL-KÜCHE

Melden sich Gäste an, ist es einfach praktisch, hochwertige Lebensmittel im Haus zu haben, die ganz ohne Einkaufsstress und sofort verarbeit werden können. Unser Top-Trio bei jeder bofrost*Bestellung, um auch spontan für viele kochen zu können: Lachsfilets, Gnocchi und Erbsen.

Fotos: bofrost* (2); Archiv (1)

RATGEBER

Jetzt probieren

Ihr möchtet die Produkte von bofrost* auch kennenlernen und den bequemen Service testen? Hier kommen unsere Tipps zum Start!

*REDAKTIONS-TIPP: Nutzt den bofrost*Newsletter oder die App, um über alle spannenden Angebote und Besuchstermine informiert zu sein.*

Code scannen und mehr erfahren!

BESTELLEN BEI BOFROST*

So geht's Schritt für Schritt

ERSTMAL UMSEHEN: Stöbert in Ruhe online unter www.bofrost.de oder in der bofrost*App und bestellt, was euch gefällt. Dafür richtet ihr euch ein Kundenkonto ein, löst euren Gutschein für den Ersteinkauf ein und wählt den Liefertermin, der euch passt. Alternativ könnt ihr telefonisch bestellen oder bei einem der bofrost*Verkaufsfahrer, die euch auch persönlich über das Sortiment beraten. Der Neukunden-Gutschein ist aber nur online einlösbar.

WUNSCHTERMIN WÄHLEN: Euer gewünschter Liefertermin wird bestätigt. Tipp: am besten lasst ihr zwecks Erreichbarkeit gleich eine Telefonnummer da, falls bofrost* euch zu eurem Termin informieren muss.

DIE LIEFERUNG: Euer bofrost*Verkaufsfahrer kommt dann zum abgestimmten Termin mit der bestellten Ware direkt zu euch nach Hause. Ihr habt etwas vergessen? Kein Problem, die bofrost*Verkaufsfahrer haben immer eine große Auswahl mit an Bord. So könnt ihr auch spontan noch etwas dazu bestellen oder aus dem aktuellen Angebot wählen.

SERVICE PUR: Auf Wunsch verräumen die bofrost*Verkaufsfahrer die Ware auch in eure Tiefkühltruhe oder übergeben sie an der Haustür. Erst bei der Lieferung zahlt ihr mit Karte oder bar. Ab jetzt könnt ihr eure Gerichte genießen und zum Beispiel im Monsieur Cuisine weiter verarbeiten.

FLEXIBEL BLEIBEN: Wichtig zu wissen: bofrost* ist kein Abomodell, es bestehen keine Verpflichtungen. Wenn ihr möchtet, kommt der bofrost*Verkaufsfahrer im Abstand von 2–4 Wochen wieder vorbei, über die Termine informiert euch bofrost* vorab. Ganz nach Wunsch könnt ihr online oder telefonisch vorbestellen, so dass eure Favoriten am Liefertag dabei sind. Oder ihr lasst euch beim Besuchstermin vor Ort inspirieren.

GENIAL INDIVIDUELL: Solltet ihr mal nicht zu Hause sein, wenn die Ware kommt, könnt ihr den Termin über den Service bequem absagen und verschieben.

20 €* RABATT
bofrost*
20 € Rabatt für Neukund*Innen*
CODE: ZAUBERWELT20

ZAUBERMIX FANS KÖNNEN JETZT SPAREN!

Für alle von euch, die sich jetzt erstmals eine frische Lieferung nach Haus bringen lassen möchten, spendiert bofrost* einen Neukunden-Gutschein in Höhe von 20 Euro*! Dafür den Code ZAUBERWELT20 bei der Online-Bestellung angeben und den Gutschein so einlösen!

*Bis einschließlich zum 06.10.2024 erhalten alle Neukundenhaushalte in Deutschland mit dem Gutscheincode „ZAUBERWELT20" 20 Euro Rabatt auf die erste Bestellung ab 40 Euro Mindestbestellwert. Nur online einlösbar auf bofrost.de und in der bofrost*App. Eine Kombination mit anderen Aktionen/Gutscheinen/Rabatten sowie eine Übertragung/Barauszahlung/Teileinlösung ist nicht möglich. Es gelten die allgemeinen Gutscheinbedingungen (www.bofrost.de/gutscheinbedingungen).

MEHR REZEPTE GRATIS

Wir haben noch weitere schnelle Rezepte mit unseren Lieblingsprodukten von bofrost* speziell für den Monsieur entwickelt. Ihr findet sie unter www.zaubermix.de oder im kostenlosen E-Book unter www.zaubermix.de/bofrost

MEINE Geheimtipps

Chefredakteurin Vivien ist immer auf der Suche nach Inspiration und Neuem. Entdeckt hier ihre Funde

Süße Igel-Kekse

Mit dem Keksebacken kann ich auf gar keinen Fall noch bis zum Winter warten. Sobald es draußen ungemütlicher wird, reaktiviere ich daher Backbleche und Keksdosen, um ein paar niedliche Igel-Kekse zu backen. Inspiriert dazu hat mich unser ganz besonderer Gartengast. Denn wir haben in diesem Jahr das Glück, dass sich tatsächlich ein Igel sein Zuhause bei uns eingerichtet hat. Wenn er seinen Winterschlaf hält und wir ihn nicht mehr zu Gesicht bekommen, erinnern uns bei der Kaffeezeit die süßen Kekse an ihn. Die Basis ist ein einfacher Mürbeteig mit etwas Zimt, aus dem ich Kugeln für Körper, Nase und Ohren forme. Nach dem Backen verziere ich sie mit Schokolade und gehackten Haselnüssen. Das Rezept findet ihr unter www.zaubermix.de

SCHÖN & PRAKTISCH

Ein erschwinglicher Designklassiker für die Küche: Die Schüssel „Margrethe" von Rosti. Die strahlende Farbe „Beetroot" lässt mich überlegen, ob ich vielleicht doch noch eine weitere brauche. Ab 0,25 l, ca. 9 Euro,www.rostistore.com

Klein und oho!

ECHT SCHARF

Für Kleinstmengen von Ingwer, Knoblauch und Wasabi eignet sich die Mini-Reibe aus Edelstahl. Ich finde sie so schick, dass ich sie ganz bestimmt mir und auch ein paar lieben Freunden schenken werde. Ca. 10 Euro, www.kai-europe.com

Geständnis: Ich liebe gefüllte Pasta

Im lauwarmen Nudelsalat, mit Pesto, im Nudelgratin überbacken mit Käse oder einfach nur mit Olivenöl beträufelt – ich liebe Pasta mit feinen Füllungen wie Ricotta und Spinat oder auch saisonal mit Tomaten, Kürbis oder Zwiebeln. Und ich mache die kleinen Teigtaschen natürlich nicht immer selbst, sondern kaufe gute Frischteigpasta aus dem Kühlregal. Gern lege ich mir dann die „Tradizionali" von Giovanni Rana in den Einkaufswagen …

Jetzt wird's gruselig!

ZUR GEISTERSTUNDE

Für Halloween habe ich hübsche Papierdekorationen und Stempel von krima & isa entdeckt, mit denen hausgemachtes Gebäck oder Süßigkeiten passend zum Event in Szene gesetzt werden. So kann ich dieses Jahr allen Kids, die zu dunkler Stunde für Süßes und Saures vorbeikommen, eine Freude bereiten. Auf www.zaubermix.de findet ihr viele süße und pikante Rezeptideen für die Halloween-Party, auf www.krima-isa.de gibt's viele weitere liebevolle Verpackungs- und Dekoideen in Schwarz und Orange.

Für mich unverzichtbar im Dampfgarer

Es gibt wirklich viele geniale Zubehöre für den Monsieur, die ich gern und viel verwende. Einer meiner absoluten Lieblinge ist und bleibt dabei die Silikonauflaufform für den Dampfgaraufsatz. Ich finde es einfach genial, dass ich mir damit das Reinigen des Dampfgaraufsatzes spare bzw. den Platz im Geschirrspüler, ich brauche kein Backpapier zuzuschneiden und wegzuwerfen. Stattdessen kann ich dank der Auflaufform mit dem Dampfgaraufsatz sogar noch viel mehr machen als ohne. Denn Speisen wie Omelett, arme Ritter oder Brownies aus dem Dampfgarer sind darin sauber zubereitet. Aktuell verwende ich die Form viel, um Kürbis zu garen. Ich kann ihn direkt in der Form im Dampfgaraufsatz würzen, ohne dass Öl, Gewürze oder Kürbissaft auf die Speisen darunter tropfen. Ihr findet die multifunktionale Auflaufform unter www.zaubertopf-shop.de

Cremiger ***„McSundae"*** *mit Karamellcreme – wie das im Monsieur gelingt, zeigen wir euch auf ZauberMix!*

Me-Time am Wochenende

Samstagabends genieße ich gern eine gute Serie und dazu ein leckeres Dessert auf der Couch. Unsere Kollegin Isy hat mich kürzlich dazu inspiriert, mir dafür einen „McSundae Karamell" im Monsieur zuzubereiten. Die geheimen Zutaten für Eis und Karamellsoße: gezuckerte Kondensmilch und „Werther's Original" – sündhaft köstlich.

Fotos: Sandra Leibinger (1); KAI (1); Mepal (1); RANA (3); krima & isa (3); Anna Gieseler (1); Archiv (2)

Auf Bergtour IN DIE ALPEN

Erlebt echten Genuss wie in der Berghütte in Südtirol oder der Nachbarregion Trentino! Das gelingt nämlich auch zu Hause ganze ohne Wanderstiefel! Kommt einfach mit!

Rezepte: Elisa Schilling

Entdeckt die einmalige Bergnatur der Region Alta Badia im Herzen der Dolomiten, einem UNESCO-Welterbe. Hier erwartet euch ein erlebnisreicher Herbst mit vielen Outdoor-Aktivitäten und regionalen Traditionen. Mehr unter www.altabadia.org

Fotos: IDM Suedtirol / Alex Moling (1), StockFood / Stile Italia Edizioni (1)

Südtiroler Speckknödel in Brühe

00 55 std : min

LOW CARB · LOW FAT

PRO PORTION: 418 KCAL | 21 G E | 17 G F | 47 G KH

ZZGL. 15 MIN. RUHEZEIT

ZUTATEN FÜR 4 PERSONEN

- ★ 10 g Petersilienblättchen
- ★ 260 g lauwarme Milch
- ★ 250 g altbackene Brötchen, in Stücken
- ★ 150 g Speckwürfel
- ★ 2 EL Weizenmehl Type 405
- ★ 2 Eier
- ★ 1 EL Butter zzgl. etwas zum Fetten
- ★ 1 TL Salz
- ★ 2 Prisen Pfeffer
- ★ 1200 g Gemüse- oder Rinderbrühe

1 | Petersilie in den Mixtopf geben, **6 Sek. | Stufe 8** zerkleinern und mit dem Spatel nach unten schieben. 2 EL zum Garnieren beiseitestellen.

2 | Milch, Brötchen, Speckwürfel, Mehl, Eier, Butter, Salz sowie Pfeffer hinzufügen und **30 Sek. | Stufe 3** mithilfe des Spatels vermengen. Teig ca. 15 Min. ruhen lassen. Aus dem Teig 12 Knödel formen.

3 | Den tiefen und flachen Dampfgaraufsatz fetten und die Knödel darin verteilen. Dabei darauf achten, dass ausreichend Dampfschlitze frei bleiben, evtl. den Rühraufsatz unter die Knödel legen. Den Mixtopf spülen.

4 | Brühe in den Mixtopf geben, Dampfgaraufsatz geschlossen aufsetzen und Knödel **15 Min. |** Dampfgaren. Dampfgaraufsatz abnehmen. Knödel mit Brühe und Petersilie servieren.

Knödel mit Krautsalat

01 | 15 std : min

LOW CARB · LOW FAT

PRO PORTION: 543 KCAL | 23 G E | 22 G F | 60 G KH

ZZGL. 15 MIN. RUHEZEIT

ZUTATEN FÜR 4 PERSONEN

FÜR DEN KRAUTSALAT

- **1 Zwiebel, halbiert**
- **300 g Weißkohl, in Stücken**
- **1 Apfel, in Stücken**
- **2 EL Öl**
- **2 EL heller Balsamicoessig**
- **10 g Zucker**
- **Salz**
- **Pfeffer**

FÜR DIE KNÖDEL

- **10 g Petersilienblättchen**
- **260 g lauwarme Milch**
- **250 g altbackene Brötchen, in Stücken**
- **150 g Speckwürfel**
- **2 EL Weizenmehl Type 405**
- **2 Eier**
- **1 EL Butter**
- **1200 g Wasser**
- **50 g Röstzwiebeln zum Garnieren**

1 | Für den Salat die Zwiebel in den Mixtopf geben und **5 Sek.** | **Stufe 8** zerkleinern. Kohl, Apfel, Öl, Essig, Zucker, ½ TL Salz sowie 1 Prise Pfeffer zugeben und mithilfe des Spatels **4–5 Sek.** | **Stufe 6** zerkleinern. Umfüllen und bis zum Servieren kalt stellen.

2 | Die Petersilie in den Mixtopf geben, **5 Sek.** | **Stufe 8** zerkleinern und mit dem Spatel nach unten schieben. Milch, Brötchen, Speckwürfel, Mehl, Eier, Butter, 1 TL Salz sowie 2 Prisen Pfeffer hinzufügen und **30 Sek.** | **Stufe 3** mithilfe des Spatels vermengen. Den Teig ca. 15 Min. ruhen lassen. Aus dem Teig 12 Knödel formen.

3 | Tiefen und flachen Dampfgaraufsatz fetten, Knödel darin verteilen. Dabei darauf achten, dass ausreichend Dampfschlitze frei bleiben. Evtl. Rühraufsatz unter die Knödel legen. Mixtopf spülen.

4 | Wasser in den Mixtopf geben, Dampfgaraufsatz geschlossen aufsetzen und die Knödel **15 Min.** | Dampfgaren garen. Dampfgaraufsatz vorsichtig abnehmen. Knödel mit Krautsalat auf Tellern anrichten und mit Röstzwiebeln garniert servieren.

>TIPP Schneidet für selbst gemachte Röstzwiebeln 3 Zwiebeln in Ringe und wendet sie in 3 EL Mehl. Anschließend die bemehlten Zwiebelringe in reichlich Öl goldbraun, knusprig braten. Auf Küchenpapier abtropfen und auskühlen lassen.

Die Apfelbäume in Meran tragen eine Vielzahl von Apfelsorten, darunter die beliebten Sorten Golden Delicious, Gala und Fuji

Das Dörfchen St. Magdalena im Villnösser Tal ist berühmt für seine Kirche und den atemberaubenden Blick auf die Geislergruppe

Fotos: StockFood / Profimedia [illegible] / Schall, Ewgenija (1); Adobe Stock / ronnybas (1) / Harald Schindler (1)

Apfelstrudel mit Rosinen

01 | 15 std : min

LOW CARB · LOW FAT

PRO STÜCK: 345 KCAL | 5 G E | 12 G F | 56 G KH

ZZGL. 30 MIN. RUHEZEIT

ZUTATEN FÜR 2 STRUDEL À 5 STÜCKE

FÜR DEN TEIG

- **250 g Weizenmehl Type 405 zzgl. etwas zum Bearbeiten**
- **100 g warmes Wasser**
- **1 Ei**
- **2 EL Öl**
- **1 Prise Salz**

FÜR DIE FÜLLUNG

- **1500 g säuerliche Äpfel, geschält und in Scheiben geschnitten**
- **3 EL Zitronensaft**
- **80 g Butter, in Stücken**
- **75 g Zucker**
- **2 TL selbst gemachter Vanillezucker**
- **50 g Rosinen**
- **40 g Mandelblättchen**
- **1 TL Zimt**
- **etwas Puderzucker zum Bestäuben**

1 | Für den Teig Mehl, Wasser, Ei, Öl sowie Salz in den [Mixtopf] geben und **2 Min.** | [Teigstufe] verkneten. Auf einer leicht bemehlten Arbeitsfläche kräftig durchkneten. In zwei Portionen teilen, jeweils in Frischhaltefolie wickeln und ca. 30 Min. ruhen lassen. Den [Mixtopf] spülen. Inzwischen die Äpfel in einer Schüssel mit dem Zitronensaft vermengen.

2 | Den Backofen auf 200 °C Ober-/Unterhitze vorheizen. Ein Blech mit Backpapier belegen. Eine Teigportion auf der leicht bemehlten Arbeitsfläche dünn ausrollen, auf ein bemehltes Küchenhandtuch legen und über die Handrücken hauchdünn ausziehen. Anschließend Butter in den [Mixtopf] geben und **4 Min.** | **Stufe 2** | **50 °C** schmelzen. Den Teig mit etwas flüssiger Butter bestreichen und die Hälfte der Äpfel gleichmäßig darauf verteilen.

3 | Zucker, Vanillezucker, Rosinen, Mandeln und Zimt in einer Schüssel vermengen und die Hälfte der Mischung auf den Äpfeln verteilen. Alles mithilfe des Küchenhandtuchs einrollen und die seitlichen Teigränder nach unten umschlagen. Strudel mit der Naht nach unten auf das vorbereitete Blech legen und mit etwas flüssiger Butter bestreichen.

4 | Zweite Teigportion mit den übrigen Zutaten ebenso verarbeiten und den zweiten Strudel mit etwas Abstand neben den ersten setzen. Die beiden Apfelstrudel im vorgeheizten Backofen ca. 45 Min. backen. Aus dem Ofen nehmen, auskühlen lassen und mit Puderzucker bestäubt servieren.

HOTELTIPP

Einmal in einem Schloss übernachten, und das zu erschwinglichen Preisen? Im Hotel „Castel Rundegg“ in Meran ist das möglich. Lasst euch im Restaurant von der Südtiroler Küche begeistern. Genießt die Zeit in einzigartigen Suiten oder erkundet die Wander- und Radwege. Kostenlose E-Bikes gibt's im Hotel! www.rundegg.com

Die natürlich gewachsene Baumhöhle ist ein Highlight beim Herbstwandern durch die Valsugana in der Region Trentino

Flädlesuppe

00 45 std : min

LOW CARB LOW FAT

PRO PORTION: 382 KCAL | 14 G E | 15 G F | 50 G KH

ZUTATEN FÜR 4 PERSONEN

FÜR DIE FLÄDLE
- ★ **250 g Milch**
- ★ **200 g Weizenmehl Type 405**
- ★ **3 Eier**
- ★ **1 Prise Muskat**
- ★ **2 EL Butterschmalz zum Braten**

FÜR DIE BRÜHE
- ★ **20 g Petersilienblättchen**
- ★ **1 Zwiebel, halbiert**
- ★ **1 EL Öl**
- ★ **400 g Suppengrün, in Stücken**
- ★ **2000 g Wasser**
- ★ **2 EL Gemüse-Gewürzpaste**

1 | Für die Flädle alle Zutaten in den ⌴ geben und **20 Sek. | Stufe 5** verrühren.

2 | Butterschmalz in einer Pfanne erhitzen und die Pfannkuchen nacheinander darin ausbacken. Aufrollen und in dünne Streifen schneiden. Den ⌴ spülen.

3 | Die Petersilie in den ⌴ geben, **5 Sek. | Stufe 8** zerkleinern und umfüllen. Zwiebel in den ⌴ geben und **5 Sek. | Stufe 8** zerkleinern. Mit dem Spatel nach unten schieben. Öl zufügen, **2 Min. | Stufe 1 | 120 °C** andünsten. Suppengrün zugeben, **8 Sek. | Stufe 6** zerkleinern. Wasser und Gewürzpaste zufügen, ohne Messbecher **20 Min. | Stufe 2 | 100 °C** aufkochen, dabei den Kocheinsatz als Spritzschutz aufsetzen. Die Brühe nach Belieben abseihen. Flädle in tiefe Teller geben. Mit Brühe aufgießen und mit Petersilie garniert servieren.

Fotos: Castel Rundegg (1); Alberto Libardoni / TVB Valsugana Lagorai (2); Désirée Peikert (1); StockFood / für ZS Verlag / Timmann, Claudia

Die Lagorai-Bergkette mit seinen markanten Gipfeln im Norden der Valsugana wird auch „Meer in den Bergen" genannt und ist eine der größten naturbelassenen Landschaften des Trentino

Haselnusskuchen

01 | 30 std : min

LOW CARB LOW FAT

PRO STÜCK: 513 KCAL | 9 G E | 35 G F | 43 G KH

ZZGL. 1 STD. RUHEZEIT

ZUTATEN FÜR 12 STÜCKE

FÜR DEN HASELNUSSKUCHEN

- ★ **250 g Haselnüsse zzgl. einige zum Garnieren**
- ★ **200 g weiche Butter, in Stücken, zzgl. etwas zum Fetten**
- ★ **4 Eier**
- ★ **200 g Zucker**
- ★ **1 TL selbst gemachter Vanillezucker**
- ★ **200 g Weizenmehl Type 405**
- ★ **1 TL Backpulver**
- ★ **1 TL Zimt**
- ★ **1 Prise Salz**
- ★ **50 g Milch**

FÜR DIE SCHOKOLADENGLASUR

- ★ **200 g Zartbitterschokolade, in Stücken**
- ★ **1 EL Kokosöl**

AUSSERDEM

- ★ **Kastenform (30 cm Länge)**

1 | Die Haselnüsse in den geben und **4 Sek.** | **Stufe 8** hacken. 100 g der Nüsse umfüllen. Die restlichen Nüsse weitere **10 Sek.** | **Stufe 10** mahlen, umfüllen und beiseitestellen.

2 | Butter mit Eiern, Zucker sowie Vanillezucker in den geben und **2 Min.** | **Stufe 4** schaumig rühren. Die restlichen Zutaten mit den grob und den fein gehackten Nüsse zufügen und **20 Sek.** | **Stufe 4** vermengen.

3 | Den Backofen auf 180 °C Ober-/Unterhitze vorheizen und die Kastenform fetten. Den Teig in die Form geben und im heißen Ofen ca. 50 Min. backen. Den spülen. Kuchen aus dem Ofen nehmen und abkühlen lassen.

4 | Für den Guss Schokolade in den geben und **10 Sek.** | **Stufe 8** zerkleinern. Kokosöl zugeben und **5 Min.** | **Stufe 2** | **50 °C** schmelzen. Die Glasur auf dem Kuchen verteilen und mit einigen Haselnüssen garniert servieren.

Endlich Zeit für Einkehr

SÜSSES ODER SAURES?

Halloween-Partys lieben alle Kids. Während die kleinen Monster sich verkleiden, setzen wir bei unseren Rezeptideen auf einen verspielten Gruselfaktor. So wird's ein schauriger unvergesslicher Abend

Rezepte: Lukas Nissen

Halloween-Pizza
Rezept siehe Seite 76

Halloween-Kuchen vom Blech

Rezept siehe Seite 76

Halloween-Pizza

00 40
std : min

LOW CARB LOW FAT

PRO STÜCK: 782 KCAL | 33 G E | 26 G F | 107 G KH

ZZGL. 1 STD. RUHEZEIT

ZUTATEN FÜR 2 PIZZEN

- **80 g Emmentaler, in Stücken**
- **300 g Wasser**
- **20 g frische Hefe**
- **500 g Weizenmehl Type 405**
- **1 TL Salz**
- **1 EL Olivenöl**
- **60 g passierte Tomaten**
- **50 g getrocknete Tomaten**
- **30 g schwarze Oliven**
- **250 g Mozzarella, in Scheiben**
- **schwarze Pfefferkörner**

1 Den Emmentaler im **10 Sek. | Stufe 8** zerkleinern und umfüllen. Wasser mit Hefe in den geben und **2 Min. | Stufe 2 | 37 °C** erwärmen.

2 Mehl, Salz sowie Olivenöl zufügen und alles **2 Min. |** verkneten. Teig umfüllen und ca. 1 Std. gehen lassen.

3 Den Backofen auf 250 °C Ober-/Unterhitze vorheizen. Zwei Backbleche mit Backpapier auslegen. Den Teig in 2 gleich große Stücke teilen. Diese noch einmal kräftig durchkneten und beide Stücke zu großen Kreisen (Ø 30 cm) ausrollen. Auf die Bleche legen.

4 Die passierten Tomaten auf die Pizzen streichen. Den geriebenen Käse und die getrockneten Tomaten darauf verteilen. Oliven der Länge nach halbieren. Einen Teil als Spinnenkörper auf den Pizzen verteilen, den anderen Teil in Streifen schneiden und diese als Beine neben den Körper legen. Die Pizzen nacheinander ca. 10 Min. backen.

5 Aus dem Mozzarella kleine Geister ausschneiden. Die Pizzen aus dem Ofen holen und die Geister darauf verteilen, als Augen dienen die Pfefferkörner. Die Pizzen erneut 5–10 Min. im heißen Ofen backen. Herausnehmen und anschließend servieren.

Halloween-Kuchen vom Blech

01 00
std : min

LOW CARB LOW FAT

PRO STÜCK: 343 KCAL | 4 G E | 18 G F | 42 G KH

ZUTATEN FÜR 25 STÜCKE

FÜR DEN TEIG

- **250 g weiche Butter, in Stücken**
- **4 Eier**
- **180 g Zucker**
- **1 TL selbst gemachter Vanillezucker**
- **250 g Weizenmehl Type 405**
- **50 g Milch**
- **25 g Kakaopulver**
- **1 ½ TL Backpulver**
- **1 Prise Salz**

FÜR DEN BELAG

- **2 Gläser Sauerkirschen (á 720 g)**
- **2 Pck. Vanillepuddingpulver**
- **2 EL Zucker**
- **600 g Sahne**
- **3 Pck. Sahnesteif**
- **2 TL selbst gemachter Vanillezucker**
- **100 g Puderzucker**
- **1 EL Wasser**
- **Halloween-Süßigkeiten**
- **25 Schokoladen-Butterkekse**

AUSSERDEM

- **Backrahmen**

1 Backofen auf 180 °C Ober-/Unterhitze vorheizen. Ein Blech mit Backpapier auslegen und den Backrahmen anbringen.

2 Für den Teig Butter, Eier, Zucker und Vanillezucker im **2 Min. | Stufe 4** schaumig schlagen. Mehl, Milch, Kakaopulver, Backpulver und Salz zugeben, alles **20 Sek. | Stufe 4** unterrühren. Teig auf das Backblech streichen und ca. 20 Min. backen. Auskühlen lassen. spülen.

3 Für den Belag 500 g Kirschsaft, Puddingpulver und Zucker in den geben, **5 Sek. | Stufe 6** vermengen, dann **12 Min. | Stufe 3 | 100 °C** aufkochen. Dabei den Kocheinsatz als Spritzschutz aufsetzen. Kirschen mit dem unterheben. Leicht abkühlen lassen, dann warm auf den Kuchen streichen und vollständig auskühlen lassen. Den spülen.

4 Den Rühraufsatz in den einsetzen. Sahne, Sahnesteif und Vanillezucker in den geben, ohne Zeiteinstellung auf **Stufe 4** unter Sichtkontakt steif schlagen. Auf den Kirschen glatt verstreichen.

5 Puderzucker und Wasser zu einem Guss verrühren. Süßigkeiten mit Guss auf den Schokoladen-Butterkeksen befestigen, auf den Kuchen legen und servieren.

MEHR MONSTERMÄSSIGE IDEEN

Für viele Kinder ist Halloween ein Highlight im Jahr. Sie lieben es, sich zu verkleiden, zu schminken, mit Freundinnen und Freunden gemeinsam auf Süßigkeitenjagd durch die Nachbarschaft zu gehen. Für die anschließende Party zu Hause lassen unsere schrecklich leckeren Halloween-Rezepte eure Kinder garantiert erschaudern. Und sie wecken schon im Voraus Lust auf kreatives Mitmachen. Denn hier gibt es einige Handgriffe, bei denen euch die Kleinen unterstützen können. Denn etwa den Kuchen mit Süßigkeiten zu verzieren ist kinderleicht und gelingt wirklich allen. Und auch die Tisch- und Raumdekoration ist schließlich ein riesiger Spaß für Groß und Klein. Weitere Rezeptideen für einen supergruseligen Abend findet ihr unter **www.zaubermix.de**

Gruseliges Fingerfood für kleine Geisterjäger

Halloween-Mumien und -Finger

01 15 std : min

LOW CARB LOW FAT

PRO STÜCK: 504 KCAL | 20 G E | 34 G F | 28 G KH

ZUTATEN FÜR 10 STÜCK

- 150 g Quark
- 80 g Milch
- 1 Ei
- 80 g Öl
- ½ TL Salz
- 4 Prisen Pfeffer
- 300 g Weizenmehl Type 405 zzgl. etwas zum Bearbeiten
- 15 g Weinstein-Backpulver
- 10 Bockwürstchen (à ca. 100 g)
- 10 Mandelkerne
- 2 TL mittelscharfer Senf
- 150 g Tomatenketchup

1 Backofen auf 190 °C Ober-/Unterhitze vorheizen. Ein Blech mit Backpapier belegen. Quark, Milch, Ei, Öl, Salz und Pfeffer im Mixtopf **20 Sek. | Stufe 4** vermischen. Mehl mit Backpulver zugeben und **2 Min. |** Teigstufe verkneten.

2 Teig auf eine leicht bemehlte Arbeitsfläche geben, mit den Händen zusammenkneten und in 2 gleich große Hälften teilen. Eine Hälfte ausrollen und mit einem Teigrad oder einem Messer in ca. 5 mm dünne Streifen schneiden.

3 Würstchen auf der Unterseite längs leicht einschneiden, damit sie beim Backen nicht platzen. Teigstreifen um die Würstchen wickeln, dabei Platz für das Gesicht der Mumien frei lassen. Würstchen auf das Backblech setzen.

4 Übrige Teighälfte in 10 gleich große Stücke teilen und jeweils zu 8–10 cm langen Röllchen formen. Als Fingernagel am spitzen Ende jedes Fingers je eine Mandel in den Teig drücken. Dann den Teig in der Mitte leicht zusammendrücken und an dieser Stelle mit dem Teigrad quer kleine Einschnitte in den Teig drücken, damit das Gebäck noch mehr wie ein Finger aussieht. Die Finger ebenfalls auf das Backblech setzen und auf der mittleren Schiene 15–18 Min. backen. Herausnehmen und erkalten lassen.

5 Den Senf in einen kleinen Gefrierbeutel geben und eine winzige Ecke abschneiden. Auf die frei gelassene Stelle der Mumienwürstchen die Augen spritzen. 2 TL Ketchup in einen zweiten Gefrierbeutel füllen und eine kleine Ecke abschneiden. Mit dem Ketchup Pupillen auf die Augen tupfen und nach Belieben die Finger garnieren. Finger und Mumien mit dem restlichen Ketchup zum Dippen servieren.

Foto: BSH / Annalena Bokmeier (1)

Wahre *Würzwunder*

Unsere Expertin Isy zeigt, wie das Abschmecken selbst gekochter Gerichte aus dem Monsieur mit unseren Top 4 hausgemachten Basics garantiert gelingt – ganz ohne Fertigprodukte aus dem Supermarkt!

Für den Vorrat

Eure hausgemachten Gewürzpasten halten im Kühlschrank monatelang. Ihr könnt sie auch in Eiswürfelbehälter geben und einfrieren. So entnehmt ihr beim Kochen einfach einzelne Würfel – superpraktisch!

Die gute Basis

In der klassischen Küche dienen Gemüse- oder Fleischbrühe als Geschmacksgrundlage vieler Speisen. Brühe wird aus einer Mischung an Gemüsen wie Karotten, Sellerie, Lauch oder Zwiebeln oder zusätzlich mit Fleisch und Markknochen hergestellt. Die Zutaten werden in Wasser ausgekocht, wobei sie ihre Aromen an das Wasser abgeben. Dieses „gewürzte Wasser" verleiht später der Speise einen vollmundigen Grundgeschmack. Nach dem Abseihen der Gemüse- und Fleisch- oder Knochenstücke ist die Brühe fertig und kann als Basis für Suppen, Soßen und Eintöpfe oder auch zum Würzen anderer Gerichte verwendet werden. Um diesen recht zeitintensiven Arbeitsschritt zu umgehen, werden in vielen Küchen Brühwürfel und Brühpulver oder auch fertige „Fonds" aus dem Supermarkt verwendet. Pulver werden nur noch in Wasser aufgelöst. Viele dieser Fertigprodukte enthalten allerdings Geschmacksverstärker oder andere Zusatzstoffe, die eigentlich völlig unnötig sind. Daher stellen wir unsere Würzgrundlagen gern selbst im Monsieur Cuisine her und verwenden dabei nur natürliche Zutaten. Bei unseren Gewürzpasten sparen wir uns zudem das mühsame Auskochen von Zutaten. Genial: Der Monsieur Cuisine ermöglicht die Herstellung in Sekunden.

Mein Extra-Tipp: Gewürzpaste ist auch ein tolles Mitbringsel, denn viele Menschen, die keinen Monsieur besitzen, kennen diese frische Würzmöglichkeit nicht und sind begeistert! Es lohnt sich daher, die große Portion direkt auf mehrere kleine Gläser aufzuteilen – so habt ihr gleich ein paar Geschenke parat.

Fotos: Sandra Leibinger (1); Anna Gieseler (2)

Einfach loslegen
Ich begegne immer wieder Menschen, die sich nicht so recht ans Würzen heranwagen und nur zaghaft mit Salz und Pfeffer abschmecken. Hat man die richtigen Basiswürzen auf Vorrat und weiß sie einzusetzen, wird es sofort viel einfacher und jedes Gericht geschmackvoll – ich verrate euch hier meine Tipps.

1

Gemüsepaste *Der Allrounder*.

Für die klassische Gemüse-Gewürzpaste braucht ihr nur 4 Zutaten, wobei das „Suppengemüse" natürlich ein paar mehr einzelne Bestandteile enthält. Das Gemüse wird mit reichlich Salz, getrockneten Tomaten und Knoblauch in Sekunden im Monsieur Cuisine zerkleinert. Schon ist die Paste fertig und kann verwendet werden. Das Beste: Sie hält sich im Kühlschrank gelagert sehr lang aufgrund des hohen Salzgehalts.

Dosierung

Für 500 g Wasser ersetzt ihr 1 Brühwürfel oder 2 TL Instantbrühpulver je durch 2 TL Gewürzpaste oder einen TK-Würfel.

Verwendung

Stellt aus der Paste eure eigene Brühe her oder gebt einzelne Teelöffel an Soßen, Suppen und Eintöpfe. Würzt das Garwasser von Reis, Nudeln oder Kartoffeln oder verfeinert Aufstriche und Dips mit der Gewürzpaste. Ihr findet sie in den meisten unserer Rezepte als Zutat aufgeführt.

Lagerung & Haltbarkeit

Die Paste ist im Kühlschrank gelagert, mehrere Monate haltbar. In Eiswürfelbehälter portioniert und eingefroren hält sie noch länger. So könnt ihr beim Kochen auch einzelne Würfel entnehmen und sie an euer Gericht geben.

Und so geht's

00 | 05 std : min

Zutaten für 2 Gläser à 350 ml

- **3 getrocknete Tomaten, in Stücken**
- **1 Knoblauchzehe**
- **700 g Suppengemüse, in Stücken**
- **150 g Meersalz**

Die getrockneten Tomaten mit der Knoblauchzehe in den [Mixbehälter] geben und **6 Sek. | Stufe 8** zerkleinern und mit dem [Spatel] nach unten schieben. Suppengemüse mit dem Meersalz zufügen und alles **30 Sek. | Stufe 8** zerkleinern. Ggf. erneut für 1–2 Sek. zerkleinern für eine feinere Konsistenz. In Schraubgläser füllen und im Kühlschrank lagern.

Fleischbrühpaste

Der schnellere Rinderfond

Viele Monsieur Nutzer*innen kennen vor allem die Gemüse-Gewürzpaste und verwenden diese viel im Alltag. Dabei könnt ihr auch eine Fleischpaste für deftige Gerichte im Monsieur herstellen und so Rinderfond aus dem Supermarkt ersetzen. Das gelingt ebenfalls unkompliziert und schnell, da wir Fleisch und Gemüse nicht einkochen und der Zaubertopf die meisten Arbeitsschritte für euch übernimmt. Mit der Fleisch- und der Gemüsebrüh-Paste habt ihr das perfekte Duo im Kühlschrank, um euren Speisen eine vollmundige Grundnote zu verleihen.

Dosierung

2 TL Fleischbrühpaste entsprechen etwa ½ Brühwürfel.

Verwendung

Ideal für Fleischgerichte wie Gulasch, Bolognese, Lasagnesoße, Eintöpfe und Suppen und Risottos.

Haltbarkeit

Wichtig ist, dass die Gläser wirklich steril sind, damit die Paste lange hält. Die Paste könnt ihr bis zu 6 Monate im Kühlschrank oder noch länger tiefgekühlt lagern. Dazu in Eiswürfelbehältern einfrieren und die Würfel nach Belieben in andere Gefrierbehälter umfüllen, damit der für Eiswürfel wieder frei ist.

Und so geht's:

00 30 std : min

Zutaten für 4 Gläser à 150 ml

- **300 g mageres Fleisch (ohne Knochen), in Stücken**
- **50 g Zwiebeln, geviertelt**
- **100 g Karotten, in Stücken**
- **50 g Stangensellerie, geviertelt**
- **50 g Lauch, geviertelt**
- **100 g Tomaten, geviertelt**
- **4 Pfefferkörner**
- **1 Knoblauchzehe**
- **Blättchen von 1 Stiel Petersilie**
- **150 g grobes Salz**
- **30 g Rotwein**
- **1 Lorbeerblatt**
- **1 Gewürznelke**

Das Fleisch in den geben und **10 Sek. | Stufe 8** zerkleinern, herausnehmen. Zwiebeln, Karotten, Sellerie, Lauch, Tomaten, Pfeffer, Knoblauch und Petersilie in den geben und alles **6 Sek. | Stufe 8** zerkleinern, mit dem nach unten schieben. Das Fleisch, grobes Salz, Rotwein, Lorbeerblatt und die Gewürznelke zufügen, dann alles **25 Min. | Stufe 2 | 120°C** kochen, dabei den Kocheinsatz als Spritzschutz verwenden. Den Messbecher nun wieder einsetzen und **1 Min. | Stufe 8** zerkleinern. Die fertige Fleischbrühpaste noch heiß in sterile Twist-off-Gläser füllen, verschließen, auf den Deckel stellen und abkühlen lassen. Im Kühlschrank lagern.

2

ZauberWürze wie „Maggi“

aus dem Monsieur

In vielen Haushalten kommt fertige Würzsoße zum Einsatz, um Speisen damit aufzupeppen. Häufig enthalten Produkte aus dem Supermarktregal große Mengen Zucker oder Süßstoff, weisen einen extremen Salzgehalt auf oder arbeiten mit Geschmacksverstärkern und Aromen. Beim Würzen mit Soße, die salzhaltig ist, gilt es generell zu beachten, dass zusätzliches Salzen der Speise nicht unbedingt nötig ist. Verwendet flüssige Würzsoßen generell sparsam.

Würzen – auch nach dem Kochen

Unsere Würzsoße könnt ihr bereits beim Kochen verwenden oder sie auf den Esstisch stellen, sodass jede*r die eigene Portion selbst verfeinern kann.

Dosierung

Gebt je Portion nur etwa ½ TL an eure Speisen, denn die Soße würzt intensiv.

Verwendung

Schmeckt eure Soßen, Suppen, Braten oder auch Dressings und Marinaden ab.

Haltbarkeit

In einem Schraubglas ist die Würze etwa 6 Monate haltbar. Lagert sie im Kühlschrank.

Und so geht's:

00 40 std : min

Zutaten für 1 Flasche à 500 ml

- **100 g Liebstöckelblättchen**
- **60 g Petersilienblättchen**
- **500 g Wasser**
- **30 g Salz**
- **25 g Zucker**
- **15 g Sojasoße**
- **1 TL Pfeffer**

Liebstöckel und Petersilie in den [Mixtopf] geben, **15 Sek. | Stufe 8** zerkleinern. Mit dem [Spatel] nach unten schieben. Wasser, Salz, Zucker, Sojasoße und Pfeffer zufügen, **5 Min. | Stufe 2 | 120°C** aufkochen, ohne Messbecher **15 Min. | Stufe 1 | 100°C** weiterkochen. Durch ein Sieb streichen und in eine sterile Flasche füllen.

Fotos: Désirée Peikert (1); Anna Gieseler (5)

Gemüsebrühpulver

Feiner Vorrats-Star

Für unser Gemüsebrühpulver verwenden wir getrocknetes Gemüse. Ihr könnt natürlich selbst Gemüse im Dörrautomaten sowie im Backofen trocknen oder, wie wir gefriergetrocknetes Gemüse verwenden, das ihr – wie Trockenobst – fertig kaufen könnt. Ihr findet die Mischungen bei den Gewürzen als „Suppengemüse getrocknet" oder „Suppengewürz". Tipp: Das Brühpulver eignet sich auch sehr gut als Last-Minute-Geschenk.

Und so geht's:

00 05 std : min

Zutaten für 2 Gläser à 150 ml

- **100 g getrocknetes Suppengemüse (z. B. „Suppengewürz gefriergetrocknet" von Fuchs)**
- **100 g Salz**
- **1 EL getrocknete Kräuter (z. B. Petersilie)**

Alle Zutaten in den [Mixtopf] geben und **45 Sek. | Stufe 10** zerkleinern. In sterile Gläser füllen und trocken lagern.

Dosierung

Löst 1 TL des Pulvers direkt in 500 g kochendem Wasser auf oder gebt schon beim Kochen 1 TL an eure Speisen.

Verwendung

Stellt schnelle Gemüsebrühe für Nudel- oder Gemüsesuppen her, verwendet das Pulver für Rubs und Marinaden oder auch Dips. Gebt dann achtsam nach und nach etwas mehr dazu und schmeckt ab.

Haltbarkeit

Achtet darauf, dass Glas und Deckel beim Einfüllen absolut trocken sind, damit das Pulver nicht klumpt und lange hält. Lagert es an einem kühlen, dunklen Ort, am besten im Lebensmittelschrank. Das Pulver ist rund 1 Jahr haltbar, dann verliert es an Intensität.

Pulverisieren

Dafür ist der Monsieur berühmt: Er pulverisiert Zutaten in Sekunden. Und damit habt ihr auch euren eigenen Gewürzpulver-Hersteller in der Küche. Das Wichtigste beim Pulverisieren ist, dass Mixtopf, Messer und Deckel wirklich komplett trocken sind, ehe ihr die Zutaten verarbeitet.

TREND-SPEZIAL

Cozy Kitchen mit Holz

Das Naturmaterial erobert unsere Küchen, denn es bringt Wärme und Gemütlichkeit. Erlebt, wie elegante Elemente aus Nussbaum, Eiche, Buche und Co. eure Koch- und Wohnumgebung aufwerten

Rustikale Echtholz-Küche

Echtholz gehört zu unseren absoluten Lieblingsmaterialien in der Küche. Doch Holz ist nicht gleich Holz. Rotpunkt Küchen bieten vier verschiedene handgefertigte Linien an, bei denen die Furnier-Strukturen jeweils anders ausfallen: Die Hauptrolle hier spielt die „Split Line“ mit schwarz verleimten Rissen und Ästen im Zusammenspiel mit einer hellen Variante. Mehr Infos unter www.rotpunktkuechen.de

Fotos: Rotpunkt Küchem GmbH (2), Eulenschnitt / Maggy Melzer (1), Kvik (1), Archiv (2); Peugeot Saveurs (1); Eva Solo (2)

Diese Aufbewahrungsgläser aus Rauchglas mit ***geöltem Eichenholzdeckel*** *und Lederschlaufe wünschen wir uns für unsere neue Küche. Denn sie sind praktisch und sehr dekorativ. In drei Größen, ab ca. 65 Euro, www.evasolo.com*

HANDSCHMEICHLER

Die „Boreal"-Salz- und -Pfeffermühlen von Peugeot werden aus zertifiziertem Buchenholz gefertigt und bringen mit unterschiedlichen sanften Farbtönen eine harmonische Frische auf den Tisch. Die angenehme Haptik sorgt dafür, dass wir die Mühle immer wieder gern zur Hand nehmen. Ca. 45 Euro, de.peugeot-saveurs.com

Warme Akzente

Wir lieben Natürlichkeit nicht nur an der Oberfläche, wie bei den Fronten der „Veda Light Oak"-Küche des dänischen Küchenherstellers Kvik, sondern auch an der Wand und im Inneren: Mit Schränken, Küchenregalen von Eulenschnitt und Schubkästen aus Holz von Rotpunkt Küchen sorgt ihr gleichzeitig für Ordnung und für ein angenehmes Ambiente. Holz bringt eine unvergleichliche Wärme, schafft ein gesundes Raumklima und ist zudem umweltfreundlich sowie robust. So verbringt ihr garantiert mehr Zeit im Herzstück eures Zuhauses! Mehr Infos der „Veda Light Oak"-Küche unter www.kvik.de

Natürliche Accessoires

Kleine und große Helfer aus Holz wie Schneidebretter, Holzlöffel, Messergriffe und mehr sind praktisch und langlebig. Zudem bringen sie eine gemütliche, einladende Atmosphäre mit sich. Kombiniert sie mit Accessoires aus Baumwolle, Leinen oder Stein, um den natürlichen Stil in der Küche abzurunden.

HOLZ IM ALLTAG PFLEGEN

REINIGEN Spült Holz-Zubehöre direkt nach dem Gebrauch mit warmem Wasser und mildem Spülmittel ab. Weicht sie nicht ein und gebt sie nicht in die Spülmaschine, denn darunter leiden die Naturprodukte.

TROCKNEN Trocknet Holzprodukte direkt nach dem Abwaschen mit einem Geschirrtuch ab.

ÖLEN Pflegt euer Produkt regelmäßig mit lebensmittelechtem oder speziellen Holzpflegeöl. Messergriffe und Olivenholzbretter könnt ihr auch mit Olivenöl einreiben.

SCHÜTZEN Direkte Sonneneinstrahlung und übermäßige Feuchtigkeit solltet ihr meiden. Lasst eure wertvollen Küchenhelfer daher nicht draußen oder direkt neben dem Fenster liegen.

So einfach!

GUTE SUPPEN

Klassische Gemüse- und Nudelsuppe sowie der herrlich simple Eintopf mit Würstchen wie von Mutti – wir zeigen, wie die Zubereitung der beliebten Seelenwärmer im Monsieur gelingt

Rezepte: Lukas Nissen | Fotos & Styling: Anna Gieseler

Erbsen-Möhren-Eintopf mit Würstchen

00 45 std : min

LOW CARB LOW FAT

PRO PORTION: 663 KCAL | 28 G E | 39 G F | 53 G KH

ZUTATEN FÜR 4 PERSONEN

- ★ **1 Zwiebel, halbiert**
- ★ **30 g Butter**
- ★ **1000 g Wasser**
- ★ **2 TL Fleischbrühpaste, siehe Seite 80**
- ★ **2 TL getrocknete Kräuter**
- ★ **1 TL Salz**
- ★ **½ TL Pfeffer**
- ★ **800 g festkochende Kartoffeln, in Würfeln**
- ★ **500 g Erbsen und Möhren (TK), aufgetaut**
- ★ **8 Wiener Würstchen, in Scheiben**

1 | Zwiebel in den Mixtopf geben, **5 Sek. | Stufe 8** zerkleinern und mit dem Spatel nach unten schieben. Butter zufügen und **3 Min. | Stufe 1 | 120 °C** dünsten.

2 | Wasser, Gewürzpaste, Kräuter, Salz und Pfeffer zugeben. Den Kocheinsatz einhängen und die Kartoffeln einwiegen. Erbsen und Möhren im tiefen Dampfgaraufsatz verteilen, diesen geschlossen aufsetzen und alles **30 Min. | Stufe 2 | 120 °C** garen.

3 | Den Dampfgaraufsatz abnehmen und beiseitestellen. Den Kocheinsatz mithilfe des Spatels entnehmen. Gemüse und Kartoffeln in den Mixtopf geben, Würstchen zugeben und mit dem Spatel vermengen. Auf tiefen Tellern anrichten und servieren.

DIE BASIS FÜR EIGENE KREATIONEN

Die Brühe des Eintopfs ist die Grundlage für den deftigen Geschmack. Der erste Schritt ist immer: Zwiebeln in Butter andüsten und anschließend das Wasser samt Gewürzpaste, Salz und Pfeffer zugeben. In dieser Basis werden die Kartoffeln im Garkorb gekocht. Ab hier könnt ihr jedes Gemüse eurer Wahl im Dampfgaraufsatz mitgaren, denn in den 30 Minuten, in denen die Kartoffeln kochen, wird alles, was ihr in Stücken frisch oder auch tiefgekühlt zugebt, vollständig gar.

Einfache Kartoffelsuppe aus 5 Zutaten

00 40 std : min

LOW CARB LOW FAT

PRO PORTION: 235 KCAL | 6 G E | 5 G F | 43 G KH

ZUTATEN FÜR 4 PERSONEN

- ★ **500 g Suppengrün, in Stücken**
- ★ **800 g mehligkochende Kartoffeln, in Würfeln**
- ★ **20 g Olivenöl**
- ★ **900 g Wasser**
- ★ **2 TL Gemüse-Gewürzpaste**

1 | Etwas Petersilie vom Suppengrün zum Garnieren beiseitestellen. Restliches Suppengrün mit Kartoffeln im Mixtopf mithilfe des Spatels **5 Sek. | Stufe 8** zerkleinern. Öl zugeben und alles **5 Min. | Stufe 1 | 120 °C** dünsten.

2 | Wasser mit Gewürzpaste zufügen und **25 Min. | Stufe 1 | 100 °C** ohne Messbecher garen, dabei den Kocheinsatz als Spritzschutz aufsetzen. Messbecher einsetzen und **1 Min. | Stufe 6–10** ansteigend pürieren. In Schüsseln füllen und mit Petersilie garniert servieren.

SÄMIGE SUPPE GANZ EASY

Dies ist die vermutliche einfachste Möglichkeit, eine schnelle und sehr günstige und dabei herrlich leckere Suppe zuzubereiten, die ihr nach Lust und Laune variieren und erweitern könnt. Die größten Unterschiede zum Eintopf (siehe links) sind, dass die Gemüsestücke zerkleinert und in der Brühe gekocht werden, bis sie gar sind und dann püriert werden.

Die Basis der Kartoffelsuppe sind – natürlich – mehligkochende Kartoffeln sowie ein Bund Suppengrün. Die Gewürzpaste verleiht der Suppe das nötige Salz. Zum Abschmecken könnt ihr nach Belieben noch frisch gemahlenen Pfeffer und Meersalz ergänzen, bis die Suppe eurem Geschmack entspricht.

Erst rösten, dann rühren

Kürbis-Feta-Suppe

00 55 std : min

LOW CARB LOW FAT

PRO PORTION: 431 KCAL | 12 G E | 36 G F | 18 G KH

ZUTATEN FÜR 4 PERSONEN

- **½ Knoblauchknolle**
- **1 Zwiebel, in Spalten**
- **800 g Hokkaidokürbis, in Stücken**
- **200 g Feta**
- **Blättchen von 5 Stielen Thymian zzgl. etwas zum Garnieren**
- **30 g Kürbiskerne zzgl. einige zum Garnieren**
- **30 g Olivenöl**
- **2 TL Gemüse-Gewürzpaste**
- **½ TL Pfeffer**
- **500 g Wasser**
- **200 g Sahne**

1 | Den Backofen auf 180 °C Ober-/Unterhitze vorheizen. Knoblauch, Zwiebel, Kürbis, Feta, Thymian und Kürbiskerne gleichmäßig auf einem Blech verteilen. Das Öl darübergeben und alles im heißen Ofen 35–40 Min. rösten. Zwischendurch wenden.

2 | Gemüse aus dem Ofen nehmen und etwas abkühlen lassen. Mit restlichen Zutaten, bis auf die Sahne, vorsichtig in den [Mixtopf] geben und **10 Min. | Stufe 2 | 100 °C** ohne Messbecher kochen, Kocheinsatz als Spritzschutz aufsetzen.

3 | Sahne zugeben, Messbecher einsetzen und **1 Min. | Stufe 6–10** aufsteigend pürieren. Suppe auf Tellern anrichten, mit Thymian sowie Kürbiskernen garnieren und servieren.

INTENSIVE AROMEN

Diese Zubereitung von Gemüsesuppen liegt voll im Trend, da sie so einfach und wirkungsvoll ist. Gebt einfach Kürbis, Knoblauch und Feta auf ein Blech, um sie im Ofen zu rösten, bis die Ränder schön gebräunt sind. Anschließend die duftenden Gemüsestücke samt Feta, etwas Wasser und Sahne in den [Mixtopf] füllen und stufenweise cremig püriereren – fertig!

Nudelsuppe

00 40 std : min

LOW CARB LOW FAT

PRO PORTION: 233 KCAL | 8 G E | 5 G F | 42 G KH

ZUTATEN FÜR 4 PERSONEN

- ★ 500 g Suppengrün, in Stücken
- ★ 1 Schalotte
- ★ 15 g Olivenöl
- ★ 1500 g Wasser
- ★ 2 TL Gemüse-Gewürzpaste
- ★ 150 g Suppennudeln
- ★ 100 g Erbsen (TK)

1 Petersilie vom Suppengrün in den Mixtopf geben, **5 Sek. | Stufe 8** zerkleinern und umfüllen. Schalotte und Rest Suppengrün in den Mixtopf geben und **5 Sek. | Stufe 8** zerkleinern. Mit dem Spatel nach unten schieben. Öl zufügen und **5 Min. | Stufe 2 | 120°C** andünsten.

2 Wasser mit Gewürzpaste zugeben und ohne Messbecher **12 Min. | Linkslauf | Stufe 1 | 100°C** aufkochen.

3 Nudeln, Erbsen sowie Petersilie zugeben, mit dem Spatel vermengen und weitere **8 Min. | Linkslauf | Stufe 1 | 100°C** garen. Suppe in tiefen Tellern anrichten und servieren.

KLARE GEMÜSEBRÜHE

Um die traditionelle Nudelsuppenbasis zu kochen, verwenden wir Suppengrün und Zwiebeln, die ihren Geschmack ans Garwasser abgeben. Die Gewürzpaste ergänzt die salzige Grundnote des Fonds perfekt. Suppennudeln und Erbsen garen anschließend direkt im klaren Fond. Wenn ihr Hähnchenwürfel ergänzen möchtet, gebt diese in Schritt 2 mit in den Mixtopf, schon kocht ihr eine Hühnersuppe wie von Omi.

RATGEBER

GUT ZU WISSEN

Wie ihr eure Suppenküche auf ein neues Level hebt und aus den Basics eure eigenen Kreationen macht

SMARTE GRUNDZUTATEN

Diese Basics sorgen für gutes Gelingen

- ✓ **Suppengrün:** Ihr bekommt den sogenannten „Suppenbund" in jedem Gemüseregal im 500-g-Pack fertig zusammengestellt. Er enthält Lauch, Sellerie, Karotten und Petersilie.
- ✓ **Gewürzpaste:** Die Grundlage, damit eure Suppen nicht wässrig schmecken, ist das Zugeben von 1–2 TL Paste (siehe Seite 79), sie ersetzt fertige Brühpulver oder -würfel. Da die hausgemachte Basis lange hält, lohnt sich die Zubereitung.
- ✓ **Kartoffeln:** Für Suppen, die ihr pürieren möchtet, greift zu mehligkochenden Exemplaren, sie sorgen für die seidige Textur. Für Eintöpfe mit Kartoffelstücken verwendet ihr festkochende Sorten, die ihre Form behalten.
- ✓ **Grobes Meersalz:** Verfeinert jede Portion kurz vor dem Servieren mit 1 Prise davon, das hebt den Geschmack!

***Mit besonderen Toppings** zaubert ihr aus einer einfachen Alltagssuppe schnell eine feine Vorspeise für eure Gäste. Verfeinert sie dafür mit pikantem Popcorn oder Kartoffel- und Gemüsechips. Bio-Produkte in großer Auswahl gibt's z. B. unter www.heimatgut.com*

Schnelle Varianten

KLEINE FLEISCHEINLAGEN

Unsere vegetarischen Suppenbasics könnt ihr mit einer deftigen Wurst-, Fleisch- oder Fischeinlage rasant variieren. Besonders einfach: Schneidet Wiener Würstchen oder Kochwurst in Scheiben und gebt sie 20 Minuten vor Ende der Garzeit mit an die Suppe oder in den Dampfgarer. Röstet Bacon oder Speck in der Pfanne und gebt diese auf jede Portion. Alternativ lohnt es sich, einen Beutel TK-Mark- oder Fleischklößchen sowie Garnelen – gibt's in guter Qualität von bofrost* – im Tiefkühler bereitzuhalten, um sie zur Suppe zu geben.

TOP-3-MEAL-PREP-TIPPS

Eure selbst gekochten Suppen und Eintöpfe eignen sich zum Teil sehr gut, um sie vorzukochen und später erneut aufzuwärmen.

1. KALT STELLEN & ERWÄRMEN Sämtliche Suppen und Eintöpfe könnt ihr nach dem Abkühlen in luftdichte Gefäße geben und bis zu drei Tage im Kühlschrank kalt stellen, um sie portionsweise zu erwärmen. Zum Erwärmen gebt ihr die gewünschte Menge der Speise in den ⌴ und erhitzt sie **10–15 Min.** | ↻ | **Stufe 2** | **90°C.** Ggf. etwas Wasser zugeben.

2. EINFRIEREN Zum Einfrieren eignen sich nur Suppen ohne Nudeln und Kartoffelstücke, da diese durch das Tiefkühlen ihre Konsistenz verlieren. Idealerweise füllt ihr die Suppe portionsweise ab, so tauen sie schneller wieder auf. Verwendet kleine Dosen oder auch Gefrierbeutel. Flach gefrorene Speisen könnt ihr gut in Stücke brechen, um sie dann im ⌴ zu erhitzen.

3. AUFTAUEN & ERHITZEN Zum Auftauen das Gefäß in den Kühlschrank stellen. Die Speise in den ⌴ umfüllen und wie oben beschrieben erwärmen.

Fotos: Archiv (2); Heimatgut (2); Désirée Peikert (1); AdobeStock / qwartm

WERTVOLLE *Pflege*

Nach Sonne und Wärme braucht unsere Haut jetzt pflegenden Schutz. Diese natürlichen Helfer sorgen für ein frisches Aussehen, weiche Lippen und einen natürlichen Glow

Rezepte: Vera Schubert | Fotos & Styling: Anna Gieseler

Honig-Zimt-Lippenpflege
Rezept siehe Seite 92

Pumpkin-Spice-Peeling
Rezept siehe Seite 92

NATÜRLICH ZARTE HAUT

BITTE LÄCHELN

Hausmittel wie Honig und Mandelöl oder Bienenwachs machen Lippen geschmeidig. Deshalb enthält unsere Honig-Zimt-Lippenpflege auch diese Zutaten. Wie ihr eure Lippen besser schützt, erfahrt ihr hier:

ÜBER NACHT Tragt die Pflege auch abends auf. Am Morgen sind die Lippen direkt zarter und weicher.
VIEL TRINKEN Regelmäßiges Trinken sorgt dafür, dass die feine und dünne Haut nicht austrocknet.
PEELING Bei spröden Lippen oder während der kalten Jahreszeit sanft etwas Peeling einmassieren, so werden trockene Hautschichten entfernt.

TIEFENREINIGUNG

Durch ein Peeling erneuert die Haut sich schneller und es hilft optisch bei Unreinheiten und Falten. Wie das geht? Ganz einfach: Der Zucker im Pumpkin-Spice-Peeling erzeugt bei der Anwendung eine mechanische Reibung, wodurch die Haut geglättet wird und sich das Hautbild verfeinert. Idealerweise lasst ihr es 10 Minuten einwirken. Bei Bedarf könnt ihr es mit kreisenden Bewegungen sanft einmassieren. Bei einer normalen Haut ist ein Peeling 1- bis 2-mal pro Woche empfehlenswert. Empfindlichere, feine Haut nur alle 14 Tage peelen.

Honig-Zimt-Lippenpflege

00 15 std : min

LOW CARB LOW FAT

ZUTATEN FÜR 6 TIEGEL À 15 ML

- **40 g Bienenwachs**
- **40 g Kokosöl**
- **40 g Sheabutter**
- **1 EL Mandelöl**
- **2 TL Honig**
- **½ TL Zimt**

1 Wachs, Kokosöl sowie Sheabutter in den Mixtopf geben und alles **5 Min. | Stufe 1 | 70 °C** erhitzen. Ggf. mit dem Spatel nach unten schieben und den Vorgang für 1 Min. wiederholen. Kurz abkühlen lassen.

2 Mandelöl, Honig sowie Zimt zufügen und alles **20 Sek. | Stufe 2** vermengen. Lippenpflege in die Tiegel füllen und aushärten lassen.

>HALTBARKEIT Die Lippenpflege ist einige Monate bei Zimmertemperatur haltbar. Je nach Temperatur kann die Konsistenz etwas variieren.

Pumpkin-Spice-Peeling

00 10 std : min

LOW CARB LOW FAT

ZUTATEN FÜR 2 GLÄSER À 200 ML

- **200 g brauner Zucker**
- **220 g Kokosöl**
- **2 EL Pumpkin-Spice-Gewürz**
- **1 TL Zimt**

Zucker mit Kokosöl sowie Gewürzen in den Mixtopf geben und alles **20 Sek. | Stufe 5** vermengen. Das Peeling in Gläser füllen und verwenden.

>HALTBARKEIT Das Peeling hält sich durch den hohen Zucker- und Ölgehalt mehrere Wochen. Bei Zimmertemperatur aufbewahren.

>VERWENDUNG Eine entsprechende Menge Peeling auf die trockene Haut geben, sanft verreiben und anschließend mit lauwarmem Wasser abbrausen.

>MITBRINGSEL In kleine Schraubgläschen gefüllt und mit hübschen Etiketten versehen ist das Peeling ein tolles Geschenk.

REDAKTIONSTIPP

Bevor ihr Behältnisse für eure Kosmetik anschafft, schaut doch mal, ob ihr nicht noch Gefäße habt, z. B. leere Lippenstift-Hülsen von herkömmlichen Produkten, die ihr bereits verbraucht habt oder nicht mehr benutzt. Reinigt die Gefäße gründlich mit Spülmittel und heißem Wasser, dann könnt ihr sie für eure selbst gemachten Produkte wiederverwenden.

Vera Rezeptentwicklerin

Natur PUR

Auf unsere Haut kommt nur, was wirklich natürlich ist. Auch im Monsieur verarbeiten wir diese Basics guten Gewissens. Mehr Inspiration für hausgemachte Kosmetik findet ihr bei ZauberMix

Wenn ihr Kosmetik selbst mixt, lohnt es sich, in ***gute Inhaltsstoffe*** *zu investieren. Zu unseren Top-Favoriten gehören Sheabutter, Kokos- und Mandelöl.*

Basics
FÜR KOSMETIK

Für mehr Selbstgemachtes!
Wir bestellen unsere Basisprodukte für Kosmetik- und Wellnessartikel sowie für hausgemachte Helferlein gern bei der Online-Apotheke aliva. Die Produkte könnt ihr aufbrauchen, indem ihr die Rezepte unserer Serie „Natürlich Hausgemacht" zubereitet, da wir immer wieder Basics wie Bienenwachs, ätherisches Öl oder Sheabutter verwenden. **Unsere Lieblingsprodukte** findet ihr unter www.aliva.de/c/themenwelten/zauberwelt

Selbst gemacht!

KARTOFFELPÜREE

Wie euch der Glücklichmacher im Monsieur Cuisine supersoft und cremig gelingt, zeigen wir hier Schritt für Schritt

Rezept: Elisa Schilling | Fotos & Styling: Anna Gieseler

Perfektes Kartoffelpüree
Rezept siehe Seite 96

Perfektes Kartoffelpüree

00 45 std : min

LOW CARB LOW FAT

PRO PORTION: 341 KCAL | 8 G E | 13 G F | 46 G KH

ZUTATEN FÜR 4 PERSONEN

- **1000 g mehligkochende Kartoffeln, geschält und in Stücken**
- **360 g Milch**
- **1½ TL Salz**
- **1 Prise Muskat**
- **50 g weiche Butter, in Stücken**

1 Die Kartoffeln mit Milch sowie Gewürzen in den Mixtopf geben und ohne Messbecher **30 Min. | Stufe 1 | 100°C** garen, dabei den Kocheinsatz als Spritzschutz aufsetzen.

2 Den Rühraufsatz in den Mixtopf einsetzen. Die Butter zufügen und **30 Sek. | Stufe 3** verrühren. Den Rühraufsatz entnehmen und das Kartoffelpüree nach Belieben servieren.

>TIPP Für unser perfektes Püree kochen wir die Kartoffeln direkt mit den Gewürzen in der Milch anstatt wie nur in Wasser. So erhält die Kartoffelspeise einen intensiveren Geschmack, denn die ganzen Aromen gehen nicht durch das Abgießen verloren.

>MUSKAT Etwas geriebene Muskatnuss ist nahezu unerlässlich, denn sie verleiht dem Püree seinen klassischen Geschmack. Reibt die Nuss am besten ganz frisch.

DIE WAHL DER KARTOFFELN

Die Kartoffelsorte, die ihr verwendet, hat einen entscheidenden Einfluss auf Textur und Geschmack des Pürees. Am besten eignen sich mehligkochende Sorten. Sie haben einen hohen Stärkegehalt und werden beim Kochen besonders locker und luftig. Ihre Fähigkeit, Flüssigkeit aufzunehmen, ist ideal für die Zugabe von Milch und Butter. Achtet beim Einkaufen einfach auf die Angaben auf dem Kartoffel-Beutel.

RATGEBER

STAMPF-SENSATION

Habt ihr den Dreh mit dem hausgemachten Kartoffelpüree einmal raus, gibt es viele Verwendungsmöglichkeiten

STAMPF RELOADED

FÜR GNOCCHI
400 g Stampf mit 150 g Mehl, 2 Eigelb, Salz, Pfeffer, Muskat und ggf. Kräutern mischen. Mit Händen und Gabel in Form bringen. Mit Soße garen oder braten.

FÜR KROKETTEN
500 g Püree mit 1 Ei, 2–3 EL Paniermehl und ggf. 50 g Käse mischen, Bällchen oder Zylinder formen und garen.

FÜR GRATIN Überbackt kleine Reste mit Käse und serviert die „Käse-Kartoffel-Creme“ als Beilage zu Fleisch oder Fisch.

SMARTE RESTEVERWERTUNG

Verwandelt übrig gebliebenes Püree in eine Haube für eure Ofengerichte. Gebt dafür den Rest des Stampfs auf einen Hackfleischmix, eine Chilizubereitung, auf Gulasch oder auch buntes Gemüse, streut nach Belieben noch etwas geriebenen Gouda oder Parmesan darauf und überbackt das Gratin bei 180 °C für etwa 25 Minuten.

SO WIRD'S LUFTIG

Wer denkt, mit dem Monsieur Cuisine könne man kein luftiges Püree herstellen, irrt! Wir haben es mehrfach getestet. Unser Trick: Wir verwenden den Rühraufsatz, um die gegarten Kartoffeln aufzuschlagen, und rühren nicht zu lang, damit die Kartoffelstärke nicht zum „Kleber“ wird.

AUS STAMPF MACH KARTOFFELTALER

Für 4 Personen 30 g Kräutermix im **6 Sek. | Stufe 8** fein hacken. Dann 800 g Stampf mit Frühlingszwiebeln, 1 Ei, 200 g Feta, 100 g Milch, 50 g Mehl, je 2 Prisen Muskat, Salz und Pfeffer im **20 Sek. | Stufe 5** mithilfe des pürieren. Die Masse mit 2 Löffeln in eine Pfanne mit Olivenöl geben, flach drücken und von beiden Seiten goldbraun braten. Auf Küchenpapier abtropfen lassen. Dazu passt ein Kräuter-Skyr-Dip.

Verpasst dem Klassiker mit dem Kartoffelpüree-Mix einen besonders ***würzigen Twist****. 95 g, ca. 5 Euro, www.justspices.de*

EINFACH VERFEINERN

Kurz vor dem Servieren untergehoben, verwandelt ihr eure Basis mit diesen Zutaten

Knoblauch und Zwiebeln
Gebraten, geröstet oder als Paste

Kräuter
Bärlauch, Rosmarin, Schnittlauch oder Thymian

Senf oder Zitronenschale
für eine leichte Schärfe oder säuerliche Note

Trüffelöl
für einen Hauch von Luxus

Fotos: StockFood / Gräfe & Unzer Verlag / Schütz, Anke (1) / The Picture Pantry. (1); Just Spices (1); Tina Burmann (1)

Blockbuster NIGHT

Wir laden euch zur großen Filmnacht oder zum ultimativen Serienmarathon ein. Das Wichtigste: filmreife Snacks, die in Sachen Geschmack und Optik oskarreif sind und die besten Freund*innen, um die Prime Time gemeinsam zu genießen

Blätterteig-Kranz mit Tomatenbutter und Camembert
Rezept siehe Seite 110

LAST-MINUTE-KOMBI

Die Tomatenbutter für die Füllung des Kranzes bereitet ihr in Sekundenschnelle im [Symbol] zu. Mit Blätterteig aus dem Kühlregal wird ruckzuck ein echter Party-Hit daraus. Verwendet am besten einen Camembert mit hohem Fettgehalt, denn dieser wird im Ofen flüssiger zum Dippen.

Überbackener Käse-Dip

00 25 std : min

LOW CARB · LOW FAT

PRO PORTION (30 G):
83 KCAL | 3 G E | 7 G F | 2 G KH

ZUTATEN FÜR 4 PERSONEN

- 3 Knoblauchknollen
- 2 EL Olivenöl
- 150 g Gouda, in Stücken
- 350 g Frischkäse
- 200 g Schmand
- 125 g Mozzarella, in Stücken
- 1½ TL getrocknete italienische Kräuter
- ½ TL Salz
- 3 Prisen Pfeffer
- 50 g Milch

AUSSERDEM

- **Auflaufform (Ø 22 cm)**

1 | Backofen auf 200 °C Ober-/Unterhitze vorheizen. Die Spitze des Knoblauchs ca. 1 cm breit abschneiden, sodass jede einzelne Zehe angeschnitten wird. Knoblauchknollen mit der angeschnittenen Seite nach oben in die Auflaufform setzen, mit Olivenöl beträufeln und 35–40 Min. backen.

2 | Gouda in den Mixtopf geben und **10 Sek. | Stufe 8** zerkleinern. Die Hälfte des Käses umfüllen. Die restlichen Zutaten zusammen mit den ausgedrückten Knoblauchzehen in den Mixtopf geben und **20 Sek. | Stufe 5** verrühren.

3 | Die Käsemasse in eine Auflaufform füllen, mit restlichem Gouda bestreuen und im Backofen ca. 15–20 Min. goldgelb backen.

>TIPP Damit der Käse schön braun wird, gegen Ende der Backzeit die Grillfunktion des Backofens zuschalten.

Zum Dippen

Köttbullar-Pizza
Rezept siehe Seite 110

FAST FOOD FUSION

Bei Köttbullar-Pizza vereinen wir einfach unsere Lieblingsspeisen aus Italien und Schweden. Damit es schnell geht, stellen wir den soften Hefeteig im Monsieur her, die Fleischbällchen sind aus dem Tiefkühler. Im Nu entsteht so eine große Genussromanze.

Fotos: Sandra Leibinger (1); StockFood / StockFood Studios / Thorsten Südfels (1)

Mozzarellabrot

00 55 std : min

LOW CARB · LOW FAT

PRO PORTION: 419 KCAL | 16 G E | 10 G F | 67 G KH

ZZGL. 50 MIN. RUHEZEIT

ZUTATEN FÜR 6 PERSONEN

- ★ 200 g Milch zzgl. 2 EL zum Bestreichen
- ★ 100 g Wasser
- ★ 1 TL Zucker
- ★ 20 g frische Hefe
- ★ 500 g Weizenmehl Type 405
- ★ 20 g weiche Butter zzgl. etwas zum Fetten
- ★ 1 Ei
- ★ 10 g Salz
- ★ 125 g Mozzarella, in Streifen
- ★ 1 Eigelb zum Bestreichen

AUSSERDEM
- ★ Auflaufform (ca. 30×20 cm)

1 | Milch, Wasser, Zucker und Hefe in den Mixtopf geben, **3 Min. | Stufe 2 | 37 °C** erwärmen.

2 | Mehl, Butter, Ei sowie Salz zugeben und **2 Min. |** Teigknetstufe zu einem geschmeidigen Teig verarbeiten. Den Teig in eine gefettete Schüssel umfüllen, abdecken und 40 Min. an einem warmen Ort gehen lassen.

3 | Backofen auf 180 °C Ober-/Unterhitze vorheizen. Die Auflaufform fetten. Aus dem Teig 12 kleine Bällchen formen und erneut 10 Min. gehen lassen.

4 | Bällchen oval ausrollen und zu drei Vierteln längs einschneiden. Dabei nur innen einschneiden und oben und unten noch einen kleinen Rand lassen. Jeweils ein Stück Mozzarella auf den Teig legen und einrollen. Dicht an dicht in die Auflaufform legen. Das Eigelb mit Milch verquirlen, den Teig damit bestreichen und im heißen Ofen 25–30 Min. backen. Herausnehmen und servieren.

SAHNIGE FÜLLUNG

Hier ist kein Besteck nötig, denn die kleinen Brötchen lassen sich direkt aus der Form zupfen. Der Clou: Sie sind mit zartem Mozzarella gefüllt, der beim Backen schmilzt. Bereitet das Gebäck zu, stellt es in den Kühlschrank und backt es erst kurz vor dem Servieren, so ist der Käse noch weich, wenn ihr die Brote genießt.

Fotos: Anna Gieseler (1); Tina Bumann (1)

EASY

Honig-Feta-Dip

00 15 std : min

LOW CARB LOW FAT

PRO PORTION (30 G): 92 KCAL | 4 G E | 7 G F | 3 G KH

ZUTATEN FÜR 400 G

- 1 Knoblauchzehe
- 200 g Feta, in Stücken
- 100 g Frischkäse
- 2 EL Olivenöl
- 30 g Honig zzgl. etwas zum Garnieren
- 1 Prise Chilipulver
- 30 g Walnüsse zum Garnieren

AUSSERDEM
- Auflaufform (ca. 15 × 10 cm)

1 | Den Backofen auf 220 °C Ober-/Unterhitze vorheizen. Knoblauch in den Mixtopf geben und **5 Sek. | Stufe 8** zerkleinern. Mit dem Spatel nach unten schieben. Feta, Frischkäse, 1 EL Olivenöl, Honig sowie Chilipulver in den Mixtopf geben und **20 Sek. | Stufe 4** verrühren.

2 | In die Auflaufform geben, mit 1 EL Olivenöl beträufeln und ca. 10 Min. backen. Mit Honig und Walnüssen garniert servieren.

Fingerfood Favorit

Zum Dahinschmelzen

Kokos-Mango-Milchreis
Rezept siehe Seite 110

EXOTISCHER MILCHREIS

Während ihr für den Abend einen Film aussucht, kocht der Monsieur Cuisine ganz allein euren Milchreis auf den Punkt. Die Süßspeise haben wir für extra Exotik zur Filmnacht mit Kokosmilch zubereitet. Serviert das Dessert auch gern gekühlt anstelle von Eis!

Fotos: StockFood / Suedfels, Thorsten (1); Anna Gieseler (1)

Schoko-Popcorn

PRO PORTION: 255 KCAL | 4 G E | 15 G F | 28 G KH

ZUTATEN FÜR 12 PERSONEN

- 200 g weiße Kuvertüre, in Stücken
- 30 g Kokosöl
- 160 g fertiges Popcorn
- 200 g Zartbitterkuvertüre, in Stücken
- Toppings nach Belieben, z. B. Frühstückscerealien, Nüsse

00 20 std : min

1 | Zwei Backbleche mit Backpapier auslegen. Die weiße Kuvertüre in den geben und **12 Sek. | Stufe 8** zerkleinern. 15 g Kokosöl zufügen und **6 Min. | Stufe 2 | 50 °C** schmelzen lassen. Die Hälfte vom Popcorn in eine Schüssel geben, die Kuvertüre darübergießen und zügig vermengen. Auf einem Backblech verteilen und aushärten lassen.

2 | Die Zartbitterkuvertüre in den geben und den Vorgang wie in Schritt 1 mit dem übrigen Popcorn wiederholen. Das dunkle und weiße Schoko-Popcorn nach Belieben mit Toppings vermengen und servieren.

EINE FRAGE DER HITZE

Das Popcorn für die Bites haben wird nicht im zubereitet, sondern fertig gekauft. Wer es selbst machen möchte braucht dafür einen großen Kochtopf mit Deckel. Denn: Der Monsieur erhitzt auf bis zu 130 °C. Die Maiskörner brauchen allerdings über 180 °C, also jede Menge Hitze, um richtig gut aufzupoppen.

Karamellpudding

00 15 std : min

LOW CARB LOW FAT

PRO PORTION: 668 KCAL | 10 G E | 45 G F | 25 G KH

ZZGL. 2 STD. RUHEZEIT

ZUTATEN FÜR 4 PERSONEN

FÜR DEN PUDDING
- ★ 150 g Karamellbonbons (z. B. „Werther's Original")
- ★ 550 g Milch
- ★ 200 g Sahne
- ★ 3 Eigelb
- ★ 45 g Stärke
- ★ 1 TL selbst gemachter Vanillezucker
- ★ 1 Prise Salz

FÜR DAS TOPPING
- ★ 200 g Sahne
- ★ 1 EL Zucker
- ★ 1 TL selbst gemachter Vanillezucker

1 Bonbons in den geben und **10 Sek. | Stufe 10** zerkleinern. Mit dem nach unten schieben. 100 g Milch zufügen und **5 Min. | Stufe 2 | 90 °C** schmelzen, bis sich die Bonbons vollständig aufgelöst haben.

2 Die restlichen Zutaten für den Pudding zugeben und alles **5 Sek. | Stufe 5** vermengen, dann **10 Min. | Stufe 3 | 100 °C** aufkochen. Pudding in die Gläser füllen und ca. 30 Min. abkühlen lassen. Anschließend kalt stellen. Den spülen.

3 Für das Topping den Rühraufsatz in den kalten einsetzen. Sahne mit Zucker sowie Vanillezucker in den geben und ohne Zeiteinstellung **Stufe 4** unter Sichtkontakt steif schlagen. Den kalten Pudding mit Sahne garniert servieren.

>TIPP Die Gläser können nach Belieben noch mit Nusskrokant, Schokoladenstreuseln oder Süßigkeiten garniert werden. Um zu verhindern, dass sich eine Haut bildet, den Pudding direkt auf der Oberfläche mit Klarsichtfolie abdecken.

„Snicker's" Nicecream

00 15 std : min

LOW CARB LOW FAT

PRO PORTION: 451 KCAL | 15 G E | 29 G F | 37 G KH

ZUTATEN FÜR 4 PERSONEN

- 150 g Erdnüsse
- 1 EL Ahornsirup
- 400 g Bananen, in Scheiben, tiefgekühlt
- 50 g Erdnusscreme
- 50 g Schokoladensoße
- Meersalz zum Bestreuen

1 | Erdnüsse in den Mixtopf geben und **4 Sek. | Stufe 6** zerkleinern, dann umfüllen. Die Hälfte der Erdnüsse in einer Pfanne ohne Fettzugabe rösten und mit dem Ahornsirup vermengen.

2 | Bananen in den Mixtopf geben und **15 Sek. | Stufe 8** zerkleinern. Mit dem Spatel nach unten schieben. Zerkleinerte Erdnüsse und Erdnusscreme zugeben und **20 Sek. | Stufe 4** cremig rühren.

3 | Nicecream auf Schälchen verteilen. Mit Schokoladensoße, übrigen Erdnüssen sowie Meersalz garniert sofort servieren.

BLITZSCHNELLE NASCHEREI

Nicecream ist eine schnelle Möglichkeit, im Monsieur und ohne Eismaschine aus wenigen Zutaten leckeres Eis zu zaubern. Die Basis für unsere Nicecream sind in Scheiben geschnittene, gefrorene Bananenscheiben. Sie sorgen für die perfekte Cremigkeit und vor allem auch für die nötige Süße.

Fotos: Tina Bumann (2)

Blätterteig-Kranz mit Tomatenbutter und Camembert

00 40 std : min

PRO PORTION: 756 KCAL | 11 G E | 53 G F | 28 G KH

ZUTATEN FÜR 8 PERSONEN

- ★ 1 kleine Zwiebel, halbiert
- ★ 1 Knoblauchzehe
- ★ 1 EL getrocknete italienische Kräuter
- ★ 80 g Butter, in Stücken
- ★ 30 g Tomatenmark
- ★ ½ TL edelsüßes Paprikapulver
- ★ 25 g Olivenöl
- ★ ½ TL Salz
- ★ 4 Rollen Blätterteig (Kühlregal)
- ★ 250 g Ofen-Camembert
- ★ 1 Eigelb zum Bestreichen
- ★ Sesam zum Bestreuen

1 | Für die Tomatenbutter Zwiebel, Knoblauch und Kräuter in den geben, **5 Sek. | Stufe 8** zerkleinern, mit dem nach unten schieben. Butter, Tomatenmark, Paprikapulver, Olivenöl und Salz zufügen, **20 Sek. | Stufe 3** verrühren.

2 | Backofen auf 200 °C Ober-/Unterhitze vorheizen. Backblech mit Backpapier belegen. Blätterteig entnehmen, entrollen, jeweils 2 Stück an der langen Seite aneinanderlegen (sodass ein großes Quadrat entsteht) und festdrücken.

3 | Aus beiden Teigen einen Kreis (Ø 28–30 cm) ausstechen und mittig bei einem der Kreise nochmals einen Kreis in der Größe des Camemberts herausschneiden. Aus dem restlichen Blätterteig könnt ihr Sterne ausstechen oder ihn als Streifen backen und zum Dippen verwenden.

4 | Den Blätterteig ohne Loch auf das Backblech legen und den Camembert in die Mitte legen. Tomatenbutter auf dem Blätterteig verstreichen und den 2. Blätterteig darauflegen. Blätterteig in gleichmäßigen Abständen bis zum Camembert einschneiden und jeden Strang einzeln eindrehen. Eigelb verquirlen, den Blätterteig damit bestreichen und mit Sesam bestreuen.

5 | Blätterteig-Kranz im Backofen 20–25 Min. goldgelb backen. Nach ca. 10 Min. den Camembert kreuzweise einschneiden und die Ecken nach außen klappen.

Köttbullar-Pizza

00 50 std : min

PRO PORTION: 710 KCAL | 36 G E | 30 G F | 76 G KH

ZZGL. 1 STD. RUHEZEIT

ZUTATEN FÜR 6 PERSONEN

FÜR DEN TEIG

- ★ 250 g Wasser
- ★ 20 g frische Hefe
- ★ 1 TL Zucker
- ★ 500 g Weizenmehl Type 405 zzgl. etwas zum Bearbeiten
- ★ 30 g Olivenöl
- ★ Salz

FÜR DEN BELAG

- ★ 200 g Spinat (TK)
- ★ 50 g Frischkäse
- ★ ½ TL Pfeffer
- ★ 200 g Schmand
- ★ 500 g Köttbullar (TK), aufgetaut
- ★ 250 g geriebener Mozzarella

1 | Wasser, Hefe sowie Zucker in den geben und **3 Min. | Stufe 2 | 37 °C** erwärmen. Mehl, Olivenöl sowie 1 ½ TL Salz zufügen und **2 Min. |** verkneten. Den Teig in 2 gleich große Portionen teilen und zu Kugeln formen. Mit einem angefeuchteten Küchentuch abdecken und an einem warmen Ort 1 Std. gehen lassen. Den spülen.

2 | Für den Belag den Spinat in den geben und **5 Min. | | Stufe 1 | 100 °C** andünsten. Frischkäse, ½ TL Salz sowie Pfeffer zugeben und **20 Sek. | | Stufe 3** vermengen.

3 | Den Ofen auf 230 °C Ober-/Unterhitze vorheizen und zwei Backbleche mit Backpapier belegen. Die Teigportionen auf einer bemehlten Arbeitsfläche kurz durchkneten und mit einem Nudelholz auf Blechgröße ausrollen.

4 | Die Pizzaböden mit Schmand bestreichen und mit Spinat, Köttbullar sowie Mozzarella belegen. Die Pizzen nacheinander jeweils für 10–15 Min. im vorgeheizten Ofen backen und anschließend servieren.

Kokos-Mango-Milchreis

00 50 std : min

PRO PORTION: 553 KCAL | 7 G E | 18 G F | 92 G KH

ZUTATEN FÜR 4 PERSONEN

- ★ 2 reife Mangos, in Würfeln
- ★ 800 g Kokosmilch, alternativ Milch
- ★ 250 g Milchreis
- ★ 200 g Sahne
- ★ 50 g Zucker
- ★ 1 Prise Salz
- ★ Minze zum Garnieren

1 | 1 Mango in den geben, **10 Sek. | Stufe 8** pürieren und umfüllen.

2 | Kokosmilch, Milchreis, Sahne, Zucker sowie Salz in den geben, **40 Min. | | Stufe 1 | 95 °C** garen. Den Milchreis 5 Min. ruhen lassen. Mit Mangopüree, Mangowürfeln und Minze garniert servieren.

>TIPP Füllt den Milchreis in mehrere kleine Schälchen oder Gläser für bis zu 8 Personen und stellt sie kalt, bis ihr das Dessert reicht. Das Mangopüree könnt ihr dann separat servieren oder kurz vorher auf die Portionen aufteilen. So handlich lässt sich die Milchspeise auch auf dem Sofa löffeln. Für noch mehr Exotik streut vor dem Servieren einige Kokosflocken auf.

ENTSPANNTE VORBEREITUNG

Popcorn, Eis, Pizza oder Dips – mit unseren Ideen habt ihr tolle Snacks für den Filmabend, und das ohne großen Aufwand. Deshalb verwenden wir auch einige fertige Produkte, Waren aus dem Kühlregal oder dem Tiefkühler. Für noch mehr Movie-Snack-Ideen findet ihr bei **ZauberMix**.

COMMUNITY
Eure Post

Ich freue mich über eure Nachrichten, Fragen und schönen Fotos, die ihr an redaktion@zaubermix.de schickt. Gern weiter so!

Wir zeigen zauberhafte Momente aus euren Küchen!

MACHT EUCH DAS LEBEN LEICHTER

Vielen Dank für eure zahlreichen Kommentare bei Instagram. Dort geben wir euch regelmäßig viele Tipps mit auf den Weg, was euer Monsieur alles kann. Z. B. wie ihr im Dampfgaraufsatz Gläser und Flaschen sterilisiert. Für noch mehr Geräte-Know-how und Erfahrungen der anderen Monsieur-Fans schaut gern einmal auf unserem Kanal **@monsieur_cuisine_by_zaubermix** vorbei!

Hier bestimmt ihr

Kennt ihr schon unseren **ZauberMix** Kanal bei WhatsApp? Dort kommentieren schon ganz viele von euch mit Emojis und stimmen fleißig beim „Wünsch dir was Montag" ab, welches Rezept am Dienstag von uns gepostet werden soll. 1000 Dank dafür, dass ihr hier so fleißig mitmacht. Die Ergebnisse sind jede Woche superspannend!

Ich habe daraus Mini-Burger gemacht, es wurden etwas 30 Brötchen! Super geworden, alle waren begeistert! Die Brötchen waren knusprig außen und von innen fluffig!

Hallo, Francesca, wie clever, dass du mit unserem Rezept für einfache Burger Buns so süße Mini-Burger fürs Büffet gezaubert hast. Klasse, wie zuverlässig der Monsieur bei der Zubereitung hilft, oder? Probiert es doch selber einmal für eure Gäste aus!

FOTO-SHOOTING @HOME

So fluffig sehen die „Schwedischen Zimtschnecken" von **ZauberMix** aus, wenn ihr den Hefeteig in eurem Monsieur Cuisine zubereitet. Mal mit Zimt, mal mit Zuckerguss, mal direkt als doppelte Portion und immer unglaublich lecker! Danke für eure fantastischen Fotos, Celu, Franziska und „MoWo"! Und diesen Kommentar fühlen wir total: *„Ich liebe Zimt, habe extra etwas mehr rein getan!"*

Fotos: Désirée Peikert (1); Archiv (3); Privat (3)

HIER WIRD *gezaubert!*

Im **ZauberMix Team** ist immer etwas los. Hier gibt's einen Blick hinter die Kulissen …

NUR DAS SCHÖNSTE

Für unsere Foto- und Videoproduktionen verwenden wir nur Geschirr, dass uns wirklich gut gefällt. Das ist inzwischen ganz schön viel und nimmt zwei ganze Regalreihen ein. Sortiert ist es nach Farben und Themen, so findet man immer flink, was man gerade braucht.

Blick ins frische Grün

Seit unserem Umzug an einen neuen Standort ändert sich kontinuierlich etwas um uns herum. Bis vor Kurzem blickten wir noch auf eine Brachfläche. Inzwischen hat sich der Ausblick in eine grüne Wiese mit Apfelbäumen, Wildblumen und einem großen Teich verwandelt. Das Schönste daran ist, dass sich immer etwas tut. Ein Stockentenpaar hat sich bereits am Teich angesiedelt, die Hummeln summen fleißig durch die Blütenbeete und gegen Abend sagen sich hier Fasan und Hase gute Nacht. Wir freuen uns schon darauf, hier im kommenden Jahr ein paar Hochbeete mit Gemüse und Kräutern für unsere Fotos und Videos anzulegen, und werden euch davon berichten!

Was ist denn das?

In regelmäßigen Abständen treffen bei uns die neuen Küchenhelfer für den Monsieur aus dem **ZauberTopf** Shop ein. Dann heißt es: auspacken, begutachten und testen. Oft sieht man den Produkten gar nicht sofort an, welche Möglichkeiten sie tatsächlich bergen. Daraus kann schon mal ein lustiges Ratespiel werden. Was glaubt ihr, was hier auf dem Foto zu sehen ist? Wir halten euch über alle Neuheiten und unsere Testergebnisse auf Instagram und WhatsApp, YouTube sowie hier im Magazin auf dem Laufenden.

Bis bald!

EIFRIGE HELFER*INNEN

Dieses Jahr hatten wir einige interessierte Praktikant*innen zu Gast, die uns im **ZaubeMix** Alltag über die Schulter geschaut haben. Vielen Dank an Nele, die Fotografin Anna beim Shooting zur Seite stand, sowie Linnea, Emil und Janne für eure fleißige Unterstützung und den süßen Gruß!

Fotos: Svenja Rudolf (3); Archiv (2); Elisa Schilling (1)

monsieur cuisine by ZauberMix

www.zaubermix.de

IMPRESSUM

Verlag
falkemedia GmbH & Co. KG, Pahlblöken 15–17, 24232 Schönkirchen
Tel. +49 431 200 766-0, Fax +49 431 20 07 66 50
E-Mail: redaktion@zaubermix.de, www.zaubermix.de

Herausgeber
Kassian Alexander Goukassian (v. i. S. d. P.)

Mitglied der Geschäftsleitung & Ltg. Marketing
Wolfgang Pohl

Chefredakteurin/Teamleitung
Vivien Koitka

Redaktion (redaktion@zaubermix.de)
Dr. Tanja Lindauer, Stefanie Nickel, Svenja Rudolf, Hanna Schliemann, Hannah Hold (Elternzeit); Chefin vom Dienst: Nicole Neumann

Rezeptentwicklung
Lukas Nissen, Elisa Schilling, Vera Schubert, Charlotte Heyn (Elternzeit)

Art-Direktion
Marleen Osbahr

Layout und Bildbearbeitung
Doro Padilla, Katharina Rudy (Bildbearbeitung)

Lektorat SchlussBlick

Fotograf*innen dieser Ausgabe
Tina Bumann, Julia Eickmeyer, Maren Eicks, Anna Gieseler, Kathrin Knoll, Sandra Leibinger, Ira Leoni, Désirée Peikert

Abonnementbetreuung
abo@zaubertopf.de
Tel. +49 431 200 766-0
mein ZauberTopf Abo-Service, Pahlblöken 15–17, 24232 Schönkirchen

Mediaberatung
Tim Schöneberg (tim@nicemountain.de)
www.nicemountain.de, Tel. +49151 56 16 65 61

Silja Aicher (kontakt@aichermediakontor.de)
Aicher Mediakontor, Tel. +49 40 87 07 44 41

Martin Wetzel (Martin.Wetzel@brmedien.de)
Tel. +49 2241 17 74 14, Fax +49 2241 17 74 20

Sascha Eilers (s.eilers@falkemedia.de), Tel. +49 4340 49 93 79, Mobil +49 151 53 83 44 12, Fax +49 4340 49 93 91

Anzeigenkoordination
Dörte Schröder (d.schroeder@falkemedia.de)
Tel. +49 431 20 07 66 12

Anzeigenpreise
Siehe Mediadaten 2024 unter www.zaubertopf.de

Produktionsmanagement/Druck
Stark Druck GmbH & Co. KG, www.stark-gruppe.de

Vertrieb
DMV Der Medienvertrieb GmbH & Co. KG
Meßberg 1, 20086 Hamburg

Vertriebsleitung
Hans Wies, DMV Der Medienvertrieb GmbH & Co. KG
(Hans.Wies@dermedienvertrieb.de)

Bezugsmöglichkeiten
Abo, Zeitschriften- und Buchhandel, Bahnhöfe, Flughäfen

Einzelpreis: 6,20 Euro (reguläres Heft), 10,99 Euro (Spezial)
Jahresabonnement: 55,90 Euro. Europäisches Ausland zzgl. 0,90 Euro je Ausgabe. In den Preisen sind Mehrwertsteuer und Zustellung enthalten. Bezogen auf 6 reguläre und 2 Spezial-Ausgaben zzgl. E-Paper p. a. Der Verlag behält sich die Veränderung der Erscheinungsfrequenz vor.

Manuskripteinsendung
Manuskripte jeder Art werden gern entgegengenommen. Sie müssen frei von Rechten Dritter sein. Mit der Einsendung gibt der Verfasser die Zustimmung zum Abdruck des Manuskripts auf Datenträgern der Firma falkemedia. Ein Einsenden garantiert keine Veröffentlichung. Honorare nach Vereinbarung oder unseren AGB. Für unverlangt eingesandte Manuskripte übernimmt der Verlag keine Haftung.

Datenschutz
Jürgen Koch (datenschutzanfrage@falkemedia.de), falkemedia GmbH & Co. KG, Abt. Datenschutz, Pahlblöken 15–17, 24232 Schönkirchen

Bei falkemedia erscheinen außerdem die Publikationen mein ZauberTopf, So is(s)t Italien, NaturApotheke, Mac Life, BEAT, DigitalPHOTO und BÜCHER.
© falkemedia, 2024 | www.falkemedia.de | ISSN 2510-392X

falkemedia
Wir begeistern Menschen.

RATESPASS

Während der Monsieur etwas Leckeres für euch kocht, habt ihr Zeit, unser Rätsel zu lösen!

Gewinnt 1 x 1 Gas-Pizzaofen im Wert von 399 Euro

Der „Ooni Koda 12"-Gas-Pizzaofen backt in nur 1 Minute atemberaubende Pizzen oder brät Fisch, Gemüse und Steaks. Außerdem ist er in Sekundenschnelle einsatzbereit. Einfach die klappbaren Beine ausfahren, den Pizzastein einlegen und an eine Gasflasche anschließen. Mit sofortiger Gaszündung kann er dann in kurzer Zeit Temperaturen bis zu 500 °C erreichen. Ein echter Zeitsparer!

Teilnahme bis zum 20.10.2024 unter www.zaubermix.de/pizzaofen-verlosung

JETZT MITMACHEN!

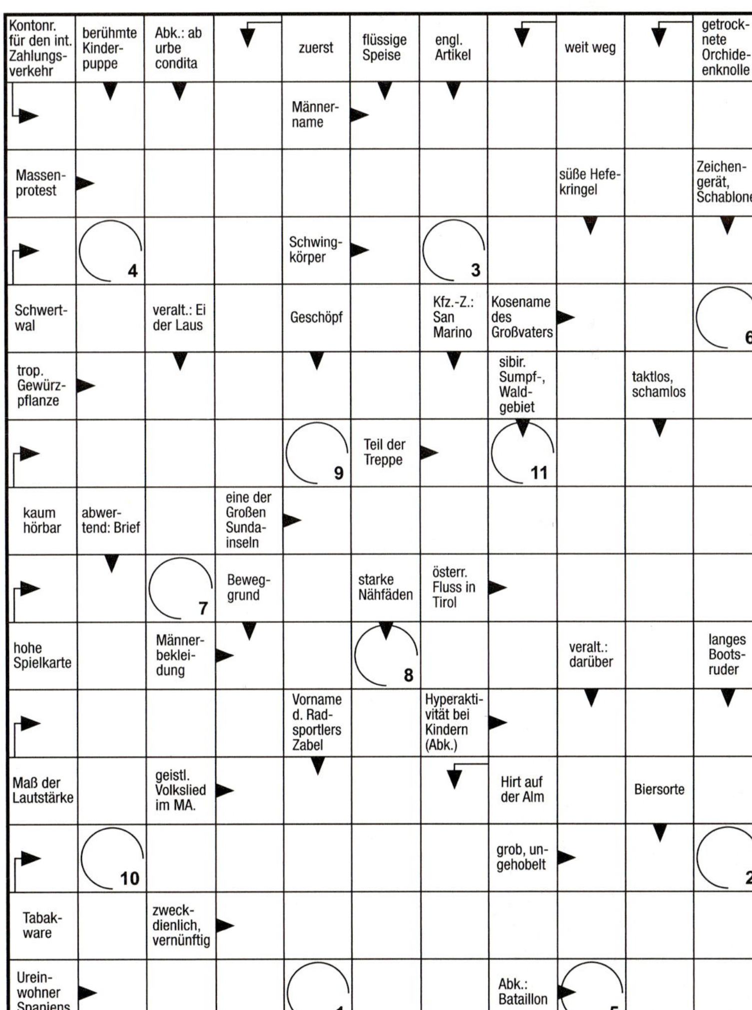

Lösungswort 4/24: Sommerdrink

Foto: Ooni (1)

LÖSUNGSWORT:

1	2	3	4	5	6	7	8	9	10	11

VORSCHAU

Die Ausgabe 6/2024 von
monsieur cuisine by ZauberMix
erscheint am **30. Oktober 2024**

Last Minute Geschenke

MIT LIEBE SELBST GEMACHT

Mit dem Monsieur ist so manche Leckerei schneller gemacht als gedacht. Fabelhafte Zimtstern-Pralinen, magischer Vanille-Waffelmix oder rasante Lebkuchenschokolade füllen die Adventskalender, Nikolausstiefel und Geschenktütchen für die Lieben wie von selbst.

Das wird ein Fest!

ENTSPANNTE WEIHNACHT

Bei Tannenduft und Kerzenschein servieren wir das große Festmenü, das alle genießen können. Dafür verraten wir besonders unkomplizierte und umso wirkungsvollere Ideen, bei denen Monsieur, Backofen und Kühlschrank die Hauptarbeit für euch übernehmen ...

Alles heiße Luft?

DUO-KOCHEN IM TEST

Wie gut ergänzen sich Monsieur und Heißluftfritteuse wirklich und was übernimmt der Airfryer in der Küche? Wir testen für euch, für welche Haushalte mit Monsieur sich die neuen smarten Geräte mit Frittier-, Röst-, Back- und Gratinierfunktion eignen. PS: Mit großer Verlosung!

SPEZIAL

LASST ES BRUTZELN!

Wir lieben gesellige Raclette-runden zu Weihnachten und auch zu Silvester. Daher servieren wir neue Kreationen, bei denen garantiert für alle etwas dabei ist. Dazu gibt's unfassbar cremige Dips und easy-peasy gemachte XXL-Salate, Röstzwiebelbrote zum Vorbereiten sowie prickelnde Cocktails zum Anstoßen und Mini-Eierlikör-Berliner für Mitternacht!

SÜSSE PLÄTZCHEN

Zu Beginn der Adventszeit läuft unser Monsieur regelmäßig, um für uns Keksteige zu kneten. Denn zur Kaffeezeit stellen wir jetzt wieder die Keksdosen auf den Tisch und genießen die kunterbunte Vielfalt mit Zuckerstreuseln, Nüssen, Fruchtfüllung und Glasuren.

Fotos: StockFood / Gräfe & Unzer Verlag / Hoersch, Julia (1) / News Life Media (1) / StockFood Studios / Suedfels, Thorsten (1); Anna Gieseler (1); Désirée Peikert/BSH (1) | Die angekündigten Themen können abweichen.